일본 남자여도 괜찮아

일본 남자여도 괜찮아

초판 인쇄 2015년 05월 22일
초판 발행 2015년 06월 01일

지은이 양은심
펴낸이 백유미

CP 조영석 | **책임편집** 박혜연 | **편집장** 박은정 | **마케팅** 남성진, 김지홍
디자인 양바옴 | **출력** 카이로스 | **인쇄** 도담프린팅

펴낸곳 라온북
주소 서울 서초구 사임당로 64 6층
등록 2009년 12월 1일 제 385-2009-000044호
전화 070-7600-8230 | **팩스** 070-4754-2473
이메일 raonbook@raonbook.co.kr | **홈페이지** raonbook.co.kr

값 13,800원
ISBN 979-11-5532-169-0 13810

이 책은 저작권법에 따라 보호를 받는 저작물이므로 무단전재 및 복제를 금지하며, 이 책 내용의 전부 및 일부를 이용하려면 반드시 저작권자와 (주)니카 라온북의 서면동의를 받아야 합니다.

＊ 라온북은 (주)니카의 출판 브랜드입니다.

이 도서의 국립중앙도서관 출판시도서목록(CIP)은 서지정보유통지원시스템 홈페이지 (http://seoji.nl.go.kr)와 국가자료공동목록시스템(http://www.nl.go.kr/kolisnet)에서 이용하실 수 있습니다. (CIP제어번호 : CIP2015013619)

＊ 잘못된 책은 구입한 서점에서 바꾸어 드립니다.

> 라온북은 독자 여러분의 다양한 아이디어와 원고 투고를 설레는 마음으로 기다리고 있습니다. 머뭇거리지 말고 두드리세요.
>
> **보내실 곳** raonbook@raonbook.co.kr

일본에서, 일본 남자와, 일본 며느리로 당당하게 사는
한국 여자의 도쿄 분투기

일본 남자여도 괜찮아

양은심 지음

라온북

머리말
일본 남자와 함께 살 수 있을까?

일본 도쿄의 어느 마을, 아침마다 두근거리는 마음으로 일본 뉴스를 보는 한국 여자가 있습니다. 그녀의 아침은 고등학교 1학년인 아들의 도시락을 싸는 일로 분주하게 시작합니다. 시골에서 나고 자라 흙내새가 그리운 그녀는 옥상에 작은 정원을 꾸몄습니다. 올여름에는 꼭 콩잎 쌈을 먹겠다는 생각으로 제주도에서 가져온 콩씨를 심었습니다.

일본 남자와 결혼해 20년간 살고 있는 저의 이야기입니다. 고백하자면 저는 이혼할 각오로 일본 남자와 결혼했습니다. 남편만 바라보고 가족도, 친구도 하나 없는 일본에서 결혼생활을 시작하려니 두려움도 컸습니다. 힘들어도 어떻게든 3년은 버텨보자고 생각했습니다.

10년을 버티면 성공이라고 생각했습니다. 그러던 우리 부부는 작년에 결혼 20주년을 맞이했습니다. 그리고 이제는 훌쩍 커버린 두 아들과 시부모님과 함께 여전히 즐겁게 살고 있습니다.

물론 다투는 날도 있고, 이혼을 생각해본 날도 있습니다. 하지만 이런 갈등은 일본 남자라서가 아닌 어느 부부나 겪는 갈등일 뿐입니다. 돌이켜보면 서로를 알아가는 동안 겪었던 갈등들이 긴 인생을 살아가는 데 도움이 되는 소금이 아니었나 싶습니다. 완벽한 타인이었던 둘이 함께 살면서 어떻게 아무 일도 없을 수 있겠습니까. 음식도 너무 싱거우면 맛이 없지 않나요?

아는 사람 한 명 없는 외로운 이방인이었던 저에게 이제는 속내를 터놓고 즐겁게 술도 한잔 나누는 일본인 친구들도 많이 생겼습니다. 서로의 문화와 차이를 천천히 알아가고 공유하다 보니 어느 순간 누구에게도 말하지 못할 고민들도 나누는 둘도 없는 사이가 될 수 있었습니다. 국적을 떠나 상대를 이해하고자 했던 서로의 진심이 통했기 때문이 아닐까 싶습니다.

그들은 '온짱'이라는 애칭으로 저를 부르며 저의 일본생활의 든든한 지원군이 되어주었습니다. 저 또한 그들을 통해 일본과 일본 사람들에 대한 오해와 선입견에서 벗어날 수 있었습니다. 진심으로 마음을 나누고, 이해하려는 노력을 통해 서로의 진짜 모습을 알 수 있게 된 것입니다.

일본 남자와 결혼했다고 하면 "일본 남자와 결혼하면 행복해?"라는 질문을 많이 받습니다. 그럼 저는 반대로 "한국 남자와 결혼하면 행복해?"라고 되묻곤 합니다. 사람은 누구나 겪어봐야 알 수 있고, 더욱이 결혼은 한국 남자든 일본 남자든 살아봐야 알 수 있기 때문입니다. 한 가지 분명한 것은 다른 문화, 다른 나라에서 살게 되면서 제 삶은 이전과는 크게 달라졌다는 것입니다.

이 책에는 젊은 나이에 혈혈단신으로 일본에 건너와 겪은 고생들, 일본인 남편과 살면서 느낀 일본 남자와 일본 가정에 대한 생각들, 일본의 시월드, 두 아이의 엄마가 되어 아이들을 키우면서 알게 된 일본의 교육 분위기 등 일본 남자와 결혼해 20여 년간 일본에 살면서 일본인들과 부딪치며 살아온 이야기들이 담겨 있습니다.

평범한 저와 저의 가족들의 이야기를 통해 지극히 평범한 일본인들과 그 가족들이 사는 모습을 알게 되리라 생각합니다. 더불어 팁으로 마련한 소소한 일본문화 이야기들을 통해 그들의 생활을 좀 더 가까이 들여다볼 수 있으리라 생각합니다.

뉴스를 통해 전해지는 일본이 아닌, 사람 사는 동네로서의 일본을 보여주고 싶었습니다. 일본인과 연애 중이거나 결혼을 생각하고 있는 사람들에게는 먼저 경험한 선배 입장에서 진짜 일본에서의 삶은 어떤지, 어떻게 하면 좀 더 재미있게 살 수 있는지 알려주고 싶었습니다. 나아가 비단 일본뿐만 아니라 외국에서의 생활 혹은 국제결혼을 생각하는 사람들에게도 저의 이야기들이 앞으로의 선택에 좋은 길잡이가 되어주기를 바랍니다.

한국 여자가 일본에서 살아가는 이야기, 한번 들어보실래요?

일본 도쿄에서
양은심

CONTENTS

머리말 일본 남자와 함께 살 수 있을까? •6

1장 나는 일본 남자와 결혼했다

일본 속에 젖어든 20년 •15
일본도 사람 사는 세상 •20
소나기 같은 한국인, 봄비 같은 일본인 •25
받을 줄밖에 모르는 남자와의 결혼생활 •31
일본 남자와 결혼하면 좋은 점 •35
TIP_ 온짱의 일본 살이 **선물(お土産)을 뿌리는 일본인** •40

2장 일본 남자와 연애하는 아들에게

무덤덤한 연애, 살뜰한 결혼생활 •45
데이트 비용은 더치페이를 각오하라 •49
도쿄 연애에서 빠질 수 없는 '전차' •53
좀처럼 프러포즈하지 않는 초식남들 •58
일본어는 선택이 아닌 필수! •63
말보다 중요한 것, 열린 마음 •68
TIP_ 온짱의 일본 살이 **남편은 500엔 점심, 아내는 호텔에서 런치** •73

3장 일본 남자와 결혼하기 전에 꼭 알아야 할 것들

일본에도 시월드가 있다 •77
딱 1년만 일본을 흡수하고 익히자 •83
외국에 왔다고 '손님'으로 있지 말라 •89
일본 결혼식 이야기 •93
TIP_ 온짱의 일본 살이 **결혼식과 장례식에는 어떤 옷을 입어야 할까?** •99
시부모와 함께 살 것인가, 분가할 것인가 •103
한국인 며느리를 맞는 일본인 시부모의 마음 •109
TIP_ 온짱의 일본 살이 **오쇼가츠(お正月, 설날)는 자손을 위한 명절,
오봉(お盆, 추석)은 조상을 위한 명절** •113

4장 한국 여자, 일본 주부되다

내가 일본으로 온 이유 •117
주변 사람들에게 내 성격을 캐릭터로 인식시키기 •122
찜통 같은 여름까지 즐기는 일본인 •127
도쿄에서 자전거는 필수 아이템 •132
절약은 궁상이 아닌 생활의 지혜 •136
시댁 주방은 시어머니 영역 •141
무리해서 착한 며느리가 되려 하지 말라 •146
TIP_ 온짱의 일본 살이 **일본의 육아복지와 노후복지** •151

5장 일본에서 아이 키우기

아이의 탄생에서 성인식까지 •157
지역시설과 공원 데뷔, 그리고 마마토모 •163
보육원과 유치원, 어떻게 다른가? •168
초등학교 4학년이면 '반은 어른' •173
중학교 입시, 공립이냐 사립이냐! •178
한국보다 치열한 대학 입시 •183
TIP_ 온짱의 일본 살이 **일본의 주택은 투자대상이 아니다** •188

6장 일본에서 한국인으로 사는 법

PTA 학부모회 활동으로 일본에 젖어들다 •193
일본에서 주부가 경제활동 하기 •198
공장 노동자에서 자막번역가로 •203
애국투사 아닌 풀뿌리외교관이 되다 •207
TIP_ 온짱의 일본 살이 **성묘, 나는 죽으면 어디로 갈까** •213

1장

나는 일본 남자와
결혼했다

일본 속에 젖어든 20년

결혼식장에서 나는 양가 부모님께 "한국과 일본 두 나라를 가진 사람이 되겠다"고 선언했다. 일본 남자와 결혼하는 이상 한국인이라는 점을 내세우면서 살아갈 수는 없다. 국적을 떠나 결혼은 문화와 습관이 다른 남녀가 만나 서로 한발씩 다가가며 맞춰나가다가 결국 닮는 것이 아닐까.

결혼 20주년을 맞이하고 21년째 접어들면서 나는 국제결혼을 했다는 의식조차 없이 살아가고 있다. 어느덧 일본은 나의 삶의 터전이 되었고, 일본인 친구들과 차를 마시고, 가끔은 왁자지껄 술을 마시며 수다를 떠는 아줌마가 되었다. 한국에 가면 어린 시절 친구들과 재회하고 일본에 돌아오면 일본인 친구들과 만난다. 국제결혼으로 나는 인생을 두 배 재미있게 살고 있다.

결혼 후 막 일본에 왔을 때는 나에게 고민을 털어놓으며 조언을 구하는 일본인 친구가 생길 거라고는 꿈도 꾸지 못했다. 기껏해야 남편 회사동료들과 만나는 게 전부였다. 20년이 지난 지금은 술 한잔 하자고 연락하면 흔쾌히 응하는 친구도 있다. 한동안 얼굴을 못 보면 만나자고 연락이 오기도 한다. 정기적으로 술잔을 부딪치는 모임도 있다. 멤버 중에 외국인은 나 혼자지만 내가 한국인이라는 걸 의식하는 일은 거의 없다. 남들에게 말할 수 없는 고민이 있을 때, 따로 만나서 상담을 할 수 있는 외국인 친구까지 있으니 행복하다.

이런 인간관계가 하루아침에 생긴 것은 아니다. 일본 남자와 결혼하겠다고 결심하면서 마음을 터놓고 지낼 수 있는 일본인 친구를 한 명이라도 만들고 싶다고 생각했다. 일본에 살면서 일본인 친구가 없다는 것은 친구를 좋아하는 나에게는 있을 수 없는 일이었다.

임신 중 임산부 대상 수영교실에 다니면서 일본인 주부들과 사귀기 시작했다. 출산 후에도 수영교실에서 만난 엄마들과 교류를 이어갔다. 아이들이 유치원에 들어가고 초등학교에 입학하면서부터는

PTA(학부모회) 활동을 꾸준히 하면서 몸과 마음을 부딪혀가며 일본 사회에 스며들었다.

일본생활 20여 년, 지금 나는 진정으로 일본인 친구들과 함께 웃고 떠들고 있다. 혹자는 나에게 '일본인보다 일본을 더 걱정하는 사람'이라고들 한다. 내 가족의 나라이고 내가 살고 있는 나라니 당연한 일이다.

인간관계에서 국적은 그리 중요하지 않다. 서로 공감대를 형성하는 것이 더 중요하다. 가치관이 맞지 않으면 한국인끼리라도 멀어지고 손발이 맞으면 상대가 일본인이어도 관계는 깊어진다. 다만 한국인에 비해 친해지는 데 시간이 걸리는 일본인 특성상 느긋하게 봄비처럼 스며들어야 한다.

더러 만나자는 말만 되풀이하며 몇 년 동안 얼굴을 못 본 친구들도 있다. 매년 연하장을 주고받으며 아이들이 더 크고 나면 만나자는 약속을 한다. 주름살이 더 늘기 전에 만나자는 농담을 주고받으며 입발림만이 아닌 진정으로 만남을 기약한다. 한국 친구들과 마찬가지로 일본인들도 진짜 친구가 되면 내가 등을 돌리지 않는 한 그 관계는 오래 이어진다. 국적이 다르다고 해서 친구가 되지 못할 이유는 없다. 있는 그대로의 일본인을 받아들이고 자신에 대해서 상대방이 이해할 수 있도록 알려주자. 잠자코만 있어서는 어떤 인간관계도 이루어지지 않는다.

일본인과 한국인은 외모상 큰 차이가 없기 때문에 처음 만났을 때는 내가 한국인임을 눈치채지 못하는 사람들이 많다. 길게 이야기를 나누다 보면 일본어 악센트가 좀 다르다는 의식을 하는 정도다. 그마저도 지방 출신이겠거니 하고 넘기는 사람들이 대부분이다.

눈치를 채더라도 한국 사람이라는 것은 강력한 개성이 된다. 특히 일본어를 능수능란하게 구사하는 외국인은 그들에게 반가운 존재이며, 일본 문화를 이해하고 있다고 느끼면 관계는 더욱 깊어진다. 일본인 대부분은 고마워하고 기뻐한다. 그리고 다음 만남에 그들은 한국에 관한 화제를 들고 나온다. 한국에 좋은 의미의 관심을 갖게 되는 것이다.

이를 일본 표현 그대로 옮기면 '풀뿌리교류(草の根交流)'라고 한다. 땅에 발을 디디고 천천히 뿌리를 내려가는 풀뿌리교류. 그런 관계가 지속될수록 그들 역시 한국과 일본이 사이좋게 지내기를 바란다.

나는 아직 일본 문화를 모두 즐기지는 못한다. 이 나라의 풍습이기 때문에 따르는 부분도 있다. 일본인인 남편과 아이들도 일본 정월 음식을 좋아하지 않는다. 한국 떡국과 비슷한 '오조니(お雑煮)'와 달고 짜지 않은 음식 몇 가지만 좋아할 뿐이다. 남편과 아이들은 한국식 장조림과 잡채를 가장 좋아한다.

나는 매해 정월 음식을 준비한다. 그것이 일본 풍습이며 문화이기 때문이다. 결국 먹다 남은 달짝지근한 요리는 주부의 정신으로 모두 먹어치운다. 나에게 손자 손녀가 생겼을 때, 일본 정월 음식을 맛있게 해주는 모습을 상상하고 있다.

일본도 사람 사는 세상

　　　　　일본에서 20여 년을 살면서 많은 일본인과 인연을 맺었다. 지금은 연락이 끊긴 사람도 있지만 당시에는 서로 의지하며 살았다고 확신한다. 생각이 맞지 않은 사람들도 있었지만 좋은 사람들이 더 많았다. 한국인이라는 이유로 상처를 입은 기억은 없다.

　'사에구사(三枝)'라고 통성명을 하면 대개 일본인으로 생각하기 때문에 처음 만나는 사람에게는 먼저 한국인이라고 밝히는 편이다. 이렇게 하면 무심코 일본 문화와 걸맞지 않은 행동을 할 때 오해를 줄일 수 있고, 한일관계 뉴스거리가 있을 때 서로 공유할 수 있어 편하다. 한국인 친구를 둔 것만으로 한국을 보는 시선이 한결 부드러워진다. 이래서 친구가 좋다는 것인지도 모르겠다.

아이들이 유치원에 들어간 무렵부터 가게 된 가게가 있다. 소아과 병원과 가까워서 병원에 갔다 오는 길에 들르기 시작했다. 할아버지 두 분과 할머니 한 분이 손님을 맞이한다. 과일 담당 할아버지는 아이들에게 시식용 과일을 깎아서 건네주며 "건강하게 자라야 한다"고 덕담을 해준다. 내가 외국인이라는 걸 알고부터는 "일본어를 잘한다"는 칭찬도 아끼지 않는다.

그 뒤로 왠지 모르게 친근감이 생겨 아이들과 함께 찾기 시작했다. 둘째만 데리고 가면 "형은 학교 갔냐"고 말을 걸어오며 마치 손자를 보는 눈길로 따스하게 바라본다.

"상처가 있어 팔지는 못하는 과일인데, 괜찮으면 갖고 가겠어요?" 어느 날 할아버지가 조심스럽게 물었다. 그 순간 나는 외할머니가 떠올랐다. 손자 손녀들을 배불리 먹이기 위해 조금 상했거나 팔기에는 미운 과일을 싸게 사오시던 외할머니가 말이다. "받아도 되나요? 주신다면 감사히 먹겠습니다"라며 과일을 받았다. 할아버지 덕분에 정 많은 일본인도 있다는 것을 느끼며 마음이 따뜻해진 것은 물론 일본

생활에 대한 알 수 없는 긴장감도 많이 누그러들었다.

지금도 연말이면 "올해도 고마웠습니다. 내년에도 잘 부탁드릴 게요"라고 인사하러 과일가게에 들른다. 할아버지는 또 "언제나 고마워. 내년도 잘 부탁해"라며 과일을 덤으로 주신다.

일본에서 20여 년 이상 살면서 이제는 내가 외국인이라는 의식을 거의 하지 않는다. 일본에서 살고 있다는 생각도 별로 없다. 그냥 내 가족이 있고 술 한잔 같이 하자는 친구들이 있으며 내 직업이 있으니, 여기가 내 삶의 터전이다. 한국 남자와 결혼을 해도 잘 살았겠지만 일본에 오기를 잘했다는 생각을 종종 한다. 똑같이 '맨땅에 헤딩'이라면 한국보다는 일본에서 하길 잘했다고.

어렵게 지방의 야간 대학교를 졸업한 나는 세상 물정을 너무 몰랐다. 별다른 계획 없이 대학을 졸업한 후 학연과 지연, 집안 배경과 경제력이 중요한 한국에서 앞으로 어떻게 살아가야 할지 막연했다. 그러던 중 우연한 기회에 일본으로 오게 되었고 운명처럼 남편을 만났다. 덕분에 나는 지금 자유롭게 인생을 살아가고 있다. 남편은 일본에 대한 경계심을 풀어준 일등공신이다. 가끔 죽도록 미울 때도 있지만.

유치원에 다니던 둘째 아들이 한창 운동회 연습을 하고 있을 때 큰동생이 쓰러졌다는 연락을 받았다. 이미 의식이 없고 당장 언제 숨이 끊어질지 모른다고 했다. 당시 일본에서 유학 중이던 여동생과 함께 다음날 바로 제주도에 도착했다. 기적이 일어나지 않는 한 회복이 불가능한 상황이었다. 동생을 떠나보낼 각오를 해야 했다. 여전히 의식은 없지만 비교적 상태가 안정되어 다시 도쿄로 돌아왔다.

운동회를 앞두고 있는 둘째가 걱정이었다. 아이에게 삼촌이 위독해서 엄마는 다시 한국에 가봐야 하기 때문에 운동회에 같이 있어줄 수 없다고 설명했다. 갓난아기였을 때부터 삼촌과 놀았던 기억이 있어서인지 아이는 심각한 상황을 금세 이해해주었다. 시부모님과 남편에게 아이들을 부탁하고 짐을 챙기고 있을 때 한 일본인 친구에게 연락이 왔다.

둘째 운동회 때 도시락을 대신 싸주겠다는 것이다. "시어머니가 있어서 괜찮다"고 "마음만 받겠다. 정말 고맙다"고 말하고 정중히 거절했다. 이 일을 계기로 나는 일본인에 대한 벽을 완벽하게 허물었다. 그 후로 이 친구와는 사소한 고민도 서로 나눌 수 있는 사이가 되었음은 물론이다.

결혼한 여자의 심정은 '한국인이나 일본인이나 다 똑같다'고 느낀 적도 있다. 둘째 아들이 초등학교를 졸업하고 난 후 PTA 소속의 졸업대책위원회를 마무리하는 뒤풀이 자리였다. 사무를 정리하고 그동안 수고했다며 격려하고 난 뒤 한 엄마가 "아이들은 졸업했지만 가끔 만나서 식사라도 하자"고 제안을 해왔다. 나는 물론 찬성이었고 나머지 엄마들 역시 좋다고 하여 즉석에서 모임이 만들어졌다.

엄마들 대부분이 남편을 따라 타지에 시집온 터라 친한 친구가 없어서 외로웠다고 했다. 자기가 태어나서 자란 곳을 떠나왔기 때문에 외국인인 나와 마찬가지라는 것이다. 그동안 나만 외로웠던 게 아니라는 생각에 마치 동지를 만난 기분이 들었다. 그 후로 모임은 삼 년째 이어지고 있는데 다섯 명 중에서 자주 만나는 사람은 나를 포함해서 세 명이다. 한 명은 연락이 안 되고 나머지 한 명은 아직 아이가 어려서 좀처럼 외출이 어렵지만 1년에 두세 번은 네 명이 만나서 술잔을 기울인다. 이렇게 나는 또 다른 동지들을 얻었다.

사람이 살아가는 모습은 어느 나라에서건 크게 다르지 않다. 여자들은 결혼을 하면 남편의 직업이나 생활터전에 따라 고향을 떠나는 경우가 많다. 가족은 물론 지금까지의 모든 인간관계를 다 놓고 오로지 남편 하나만 믿고 따라가는 것이다. 남자들은 알고 있을까? 이런 여자들 덕분에 세상이 유지되고 있다는 이 놀라운 사실을!

소나기 같은 한국인 봄비 같은 일본인

외국생활을 시작하면서 가장 곤란한 일은 친구가 없다는 것이었다. 속내를 털어놓을 상대는 물론 남편 이외에 대화를 나눌 사람이 전혀 없는 것처럼 외로운 일은 없다. 특히 한국에서 연애하고 결혼 후 일본으로 건너온 경우는 한동안 '낙동강 오리알'이 된 기분일 것이다. 사랑하는 사람과 결혼해서 희망에 부풀었는데 현실은 어디서부터 손을 대야 할지 막막하다. 주변에서 들리는 일본어는 귓가를 맴돌기만 할 뿐 머릿속으로 들어오지 않았다.

이럴 때는 가까운 스포츠센터나 문화센터에 등록해서 뭐라도 배우는 것을 권한다. 딱히 배우고 싶은 게 없을지라도 뭔가 '이 정도면 괜찮다'고 생각이 드는 강좌를 골라서 등록하자. 그곳에서 우선 일본인을 사귀는 연습을 해나가는 것이다. '친구 사귀는 게 무슨 게임인가? 연습을 하게'라는 마음이 들더라도 일단 집 밖으로 나가 일본인과 직접 대화할 기회를 만들자. 처음부터 특별한 만남을 기대하기보다는 일본인의 성향을 익힌다는 마음으로 느긋하게 다녀보자.

말이 서툴러도 괜찮다. 손짓 발짓으로도 의사소통은 가능하고, 정 안 통하면 답답해서라도 일본어 공부에 집중하게 되니 손해 보는 장사는 아니다. 특히 도쿄에는 워낙 외국인들이 많아서 외국인을 신기해하지도 않는다. 한국인은 일본인과 외모가 비슷하기 때문에 잠자코 있으면 외국인이라 생각하지 못하고 그저 '말수가 적은 사람' 또는 '사람과 어울리는 것을 싫어하는 사람'이라고 생각해 말을 걸어오는 사람이 줄어든다. 전날 텔레비전에서 본 간단한 회화라도 먼저 건네면서 주변 사람들과 교류를 시작하자. 조금 익숙해지면 그동안 궁금했던 점을 적극적으로 질문해보자. 열에 다섯은 친절하게 대답해 줄 것이다. 열에 아홉이 아니라서 미안하지만 열에 다섯이라는 각오를 하면 반응이 없어도 상처를 덜 받을 것이다.

한국인끼리는 첫 만남에서도 금세 친해지는 경우가 많다. 타국에서 친구 하나 없이 외로웠으니 한국말이 봇물처럼 쏟아져 나온다. 한국어로 떠들고 싶은 마음에 서로의 집을 왕래하기 시작하면 그야말로 급속도로 친해진다. 하지만 마음은 편할지언정 한국인 친구만 사귀다 보면 몇 년이 지나도 일본어 실력이 늘지 않는다. 그러다 그 친구가 다시 한국으로 돌아가기라도 하면 상실감은 말로 표현할 수 없을 정도로 클 것이다.

친구를 사귀자. 때로는 그들이 무슨 생각을 하고 있는지 몰라 답답할지라도 좀 더 인내심을 갖고 버티자. 소나기처럼 시원한 만남도 좋지만, 봄비처럼 젖는 듯 마는 듯 촉촉이 스며드는 인간관계도 색다른 재미가 있다. 그러다 보면 어느덧 '저 친구가 오늘은 속내까지 내비치네'라고 미소지을 날이 올 것이다. 친해지기만 하면 남편에게 하지 못하는 고민까지 털어놓을 수도 있다. 단 시간이 걸릴 뿐이다.

일본에서는 현관 앞에서 이야기를 나누는 아줌마들을 자주 볼 수 있다. 쓰레기를 버리러 나왔거나 슈퍼에서 돌아오는 길에 할 말이 있으면 이들은 현관에서 잠깐 이야기하고 돌아간다. 한국처럼 누가 집 앞에 오면 집 안으로 들이는 문화에서 살아온 입장에서 보면 '현관 앞에서 뭐하는 거지? 사람이 왔으면 집 안으로 들이는 게 예의 아닌가?'라고 비판적으로 보기 쉽다. 하지만 이런 문화에도 좋은 점이 있다. 서로 시간을 뺏을 걱정이 없고, 초대받고 초대해야 하는 부담도

덜어지니, 평온한 관계를 유지하게 된다. 가끔 차를 마시고 식사를 하고 싶을 때는 밖에서 만나면 된다.

이러한 문화를 가진 나라이니 상대방이 먼저 초대를 할 때까지는 "집에 놀러 가도 되겠냐"는 말을 하지 말자. 밖에서 만나다가 친해진 다음에 내가 먼저 초대를 하는 것이 좋다. 그렇다고 해서 '이번에 내가 초대했으니 다음에는 나를 부르겠지?'하는 기대는 하지 말자. 어디까지나 초대를 받았기 때문에, 거절할 수 없어서 응했을지도 모르기 때문이다. 한 중국인 친구는 아이들까지 포함해서 일본인 친구들을 몇 번이나 초대했는데도, 정작 초대를 받지 못 해 섭섭해 하기도 했다.

물론 어린아이를 키우는 경우에는 각자 집에서 돌아가면서 만나기도 한다. 나는 임산부 대상 수영반에 다니다가 아이를 낳고 그만둔 뒤에도 서로 집을 오가는 식으로 만남을 이어갔다. 아이들을 유치원에 보내고 사는 동네가 달라지면서 연락이 끊겨 아쉽지만 그 당시 친구들에게 지금도 감사하는 마음이 가득하다. 그때 만남이 지금 내가 이루어가고 있는 인간관계의 기반이 되었음은 말할 것도 없다.

한국과 마찬가지로 일본에서도 아이를 유치원에 보내면서 새로운 사람을 만날 기회가 많다. 일본인이라고 해도 남편을 따라 타지에서 시집온 사람이라면 외국인인 나와 다를 게 없다. 적극적으로 인사를 하고 인사를 받았으면 반갑게 대하자. 그리고 자연스럽게 "제가 한국 사람이라서 잘 모르니까 잘 가르쳐주세요"라고 한 마디 남기자. 한국인이라는 걸 알고 떨어져 나가는 사람에게 섭섭해 할 필요는 없다. 외국인을 대하는 걸 어려워하는 사람일 뿐이다. 긍정적으로 대하다 보면 한두 명은 호의적으로 말을 걸어오는 사람이 있다. 그런 사람과 인연을 맺으면 된다. 굳이 '절친'을 만들려고 애쓰지 말자. 절친이 될 인연이라면 자연스럽게 될 것이다. 무리하지 말고 느긋하고 진솔하게 사귀어나가자.

일본 사람들은 매사에 조심스럽다. 하고 싶은 말은 돌려서 하며 상대방 의중을 먼저 떠본다. 그러면서 자기 마음을 알아차려 주기를 바란다. 처음에는 '할 말이 있으면 그냥 하면 되지, 왜 빙빙 돌려서 말을 하지?'라고 답답할 때가 많을 것이다. 20년 넘게 일본에서 살고 있는 나 역시 아직 그럴 때가 있으니 말이다.

일본의 역사적 배경을 감안하면 조금 이해가 될 지도 모르겠다. 사무라이가 칼로 일본을 지배할 당시에는 말 한마디 잘못했다가 목숨을 잃는 일이 허다했다고 한다. 이렇게 일본인에게는 의사표현을 확실히 하기보다는 흑인지 백인지 알 수 없게 함으로써 목숨을 유지했던 아픈 역사가 있다. 그 습관이 그대로 이어지고 있는 것이라고 보면 이해할 수 있지 않을까. 일각에서는 글로벌 시대를 맞아 확실히 말하지 않는 습관을 고쳐야 한다는 비판이 있지만 말처럼 쉽지 않은 모양이다. 그러니 이러한 일본인들의 특성을 고려하면서 서두르지 말고 천천히 친구를 사귀어나가길 바란다.

받을 줄밖에 모르는 남자와의 결혼생활

"내 생일에 뭘 해줄 거야?"라고 물어보면 남편은 자기 생일에는 뭘 해줄 거냐고 되묻는다. 기가 막힌다. 결혼기념일도 마찬가지다. 선물로 뭘 해줄 거냐고 하면 "나한텐 뭘 해줄 건데?"라는 답만 돌아온다. 머릿속에서 물음표가 춤을 춘다. '이 남자 대체 뭐지? 남편 맞아?' 내 아들들이 이런 멋없는 남자를 닮지 않기를 간절히 바랄 뿐이다.

남편은 늦둥이에 외동아들이라 과보호 속에서 자랐다. 받을 줄은 알지만 줄 줄은 모른다. 그에 비해 가난한 농가에서 5남매의 장녀로 성장한 나는 생활력과 모성본능이 강한 여자다. 아이 같은 남자와 모성애가 강한 여자의 결혼, 상상이 가는가? '남편 같은 아내'와 '아내 같은 남편'의 탄생이다. 아내 같은 남편이면 집안일을 잘할 것 같지만 그건 또 아니다. 목욕탕 청소가 유일하게 남편이 할 수 있는 집안일인데 그마저도 대충이라 종종 보충청소를 해야 한다.

남편과 달리 시아버지는 내 생일과 결혼기념일마다 꼬박꼬박 꽃다발을 사오셨다. 결혼생활 10년은 시아버지 덕분에 무사히 이어졌다. 남편에게 "아버지께 감사하라"고 말한 적도 있다. 시아버지는 시어머니 생일과 두 분 결혼기념일은 물론 크리스마스 선물을 단 한 번도 잊은 적이 없다. 정년퇴직 후에는 시어머니를 도와 집안일도 하신다. 그 유전자를 당신 아들에게 조금이라도 넘겨주었으면 좋으련만, 남편은 깍쟁이 시어머니를 꼭 닮았다. 손해 보는 일은 죽어도 하지 않는다.

남편에게 화가 치밀 때마다 나는 '남편이 죽어 사라지면 나와 우리 아이들은 어떻게 될까'라고 자신에게 물었다. 그때마다 '남편이 건강하게 살아있고 착실하게 회사에 다니는 것만으로 만족하자'는 결론을 내렸다. 되지 않을 일을 고민해봤자 나만 괴로우니 반쯤 포기한 것이다. 물론 그렇다고 화가 나지 않는 것은 아니다.

결혼생활 15년차부터는 점점 심해졌다. 홀로 빨래를 널면서 눈물을 흘리는 일이 잦아졌다. 심지어 구청의 어느 과에 가면 이혼서류를 받을 수 있을까라는 생각까지 하고 있었다. 남편은 전혀 모르는 일이었다. 남자들은 확실하게 말로 하지 않으면 정말 모른다. 남편에게 솔직하게 심정을 털어놓기로 했다.

나는 감정을 표현하는 일에 서툴다. 힘든 일이 있어도 약한 모습을 보이기보다 되레 씩씩한 척한다. 그것은 일종의 처세술인 동시에 나를 무너지지 않게 지탱해주는 갑옷과도 같았다. 남편에게도 다르지 않았다. 그러던 내가 어느 날 남편에게 이혼까지 생각할 정도로 힘들다는 속내를 털어놓았다. 그러자 아이 같기만 하던 남편이 이번에는 묵묵히 내 투정을 들어주었다.

2014년 우리는 어느덧 결혼 20주년을 맞았다. 특별한 계획 없이 "벌써 20년이네. 서로 잘 버텼다"는 농담을 주고받는 정도로 끝났다. 이제는 꽃다발도, 선물도 바라지 않는다. 이미 최고의 선물을 받았기 때문이다. 세상 어느 것보다 빛나는 나의 보물, 두 아들이다. 가끔은 두 아들을 얻기 위해 한 결혼은 아니었을까 생각한다.

그리고 이제 이혼할 생각은 하지 않는다. 남편이야말로 내가 사랑해서 선택한 남자이기 때문이다. 가끔 힘들 때마다 초심을 떠올린다. 우습지만 나는 '이 남자를 책임지겠다'는 생각으로 결혼했다. 콩깍지가 다 떨어진 지금도 이런 마음이 남아 있다. 사랑스러운 두 아들 외에 미운 아들 하나를 더 키우고 있는 셈이다. 결혼한 여자는 가족을 중심으로 살아가지만 남자는 다르다. 여전히 자기중심적이다. 자신을 생각해주는 여자가 엄마 외에 한 명 더 늘었다고만 생각하는 것 같다. 그럼에도 남편에게 가장 고마운 점은 내가 하고자 하는 일을 전혀 방해하지 않는 것이다. 남편이 해줄 수 있는 최고의 외조라고 생각한다.

무슨 바람이 불었는지 몇 년 전부터 남편은 종종 꽃다발 선물을 한다. 사달라고 노래를 부를 때는 들은 척도 않더니 사람 마음은 정말 알다가도 모를 일이다. 꽃을 든 남편은 어린아이처럼 행복한 웃음을 짓는다. 나는 그게 이상해서 같이 웃는다. 받을 줄 밖에 모르던 남자가 변하는 모습을 지켜보는 일은 흥미롭다. 이 남자와 사는 일이 이제는 즐겁다.

일본 남자와 결혼하면 좋은 점

나의 이상형은 자기 인생을 적극적으로 펼쳐나가면서 사회에 공헌할 줄 아는 그릇이 큰 남자다. 그에 비해 남편은 '지금 행복하면 그만'인 사람이다. 그는 행복하게 살고 있다. 억척같은 한국인 아내가 화만 안 내면 말이다. 콩깍지가 제대로 씌었던 나는 이상형과 정반대인 남편을 선택했다. 가난한 집안의 5남매 중 장녀, 남자들의 눈을 사로잡을 만한 매력도 없는 여자, 남자에게 지기 싫어하는 여자인 나에게 남편은 겁도 없이 프러포즈를 했다. 모성본능을 제대로 자극받은 나는 '그래. 내가 그대를 보호해주마'라는 마음으로 결혼을 승낙했다. 지금 생각해도 나의 결혼은 인연이라는 말 밖에는 달리 표현할 길이 없다.

남편이 일본인이어서 특별히 좋은 점은 없다. 그렇다고 남편이 일본인이어서 나쁜 점도 없다. 어쩌다 사랑해서 결혼한 남자가 일본인이었을 뿐이다. 그래도 '일본인과 결혼했을 때 편한 점이 무엇이냐'는 질문을 받은 적이 많기에 세 가지만 말해보려 한다.

첫 번째는 수많은 한국 며느리가 겪고 있는 명절증후군의 원인인 '한국식 제사'가 없다는 것이다. 일본에도 조상이 돌아가신 날을 기리는 풍습은 있다. 지역에 따라 다르기는 하나 대부분 한국에서 하는 성묘와 비슷하다. 성묘라고는 해도 벌초를 하는 경우는 거의 없고 묘를 모신 절이나 공원묘지(靈園)에 간다. 비석과 묘 주변을 청소한 후에 향을 피우고 합장하여 묵례를 하는 게 전부다. 상황이 여의치 않으면 돌아가신 날이 있는 달 주말이나 휴일을 이용해 다녀와도 된다. 그마저도 어려우면 설과 추석 혹은 입춘·입추에 하는 성묘로 대신해도 된다.

일본의 성묘는 '하카마이리(墓参り)'라고 하는데. 보통 입춘과 입추, 제삿날을 전후해서 간다. 묘가 지방에 있는 경우에는 설이나 추

석에 귀경했을 때 가기도 한다. 일본에서도 설과 추석과 같은 큰 명절에는 가족과 친지들이 한자리에 모이기도 한다. 하지만 이 역시 조상을 기리는 것보다 흩어져서 살고 있는 가족들이 오랜만에 함께하는 의미가 더 크다.

20여 년을 일본에서 살아본 경험에서 감히 말하자면, 언어가 통하지 않아서 힘들지는 몰라도 한국 주부들보다 힘들 일은 거의 없다. 그런 의미에서 나는 한국 남자와 결혼한 일본인 며느리가 걱정된다. 제사 없는 나라에서 자란 일본 여자가 한국 가정의 수많은 제사를 치러내야 하니 말이다.

두 번째는 외국인 며느리에게 거는 기대치가 낮다는 것이다. 그저 일본생활에 잘 적응해 아들과 잘 살아주기만을 바라는 부모가 대부분이다. 그래서인지 한국에서 시댁에 하는 반에 반만 해도 착한 며느리라는 칭찬을 듣는다. 일본인 며느리들은 그리 싹싹하지 않다.

나와 마찬가지로 일본 남자와 결혼한 내 여동생이 결혼식을 올린 후 처음 설을 맞아 시댁에 갔다. 내려간 김에 시부모님께 성묘를 가고 싶다는 말을 했더니 "어쩜 이렇게 착한 며느리가 들어왔냐"고 아주 좋아하셨다고 한다. 성묘 당일에 못 내려갈 것 같아 온 김에 가겠다는 것인데 착하다고 한다. 한국에서는 당연한 일도 일본에서는 착한 일이 되는 경우가 많다.

물론 처음부터 "너희들끼리 잘 살아라"라며 거리를 두는 시부모들도 있다. 개인주의가 만연한 일본에서는 결혼을 했다고 해서 갑자기 며느리를 딸처럼 생각하지 않는다. 일본 남자와 결혼을 앞두고 있다면 시부모가 어떤 성격인지를 먼저 파악하자. 그에 맞춰서 남편과 의논해가며 처신해가면 문제될 것은 없다.

'적당한 거리'를 유지하자. 아무리 잘하려고 해도 며느리가 딸이 될 수는 없다. 모든 인간관계에는 이 적당한 거리가 필요하다. 길지 않은 50년 인생과 20여 년의 결혼생활에서 터득한 교훈이다. 일본에는 '친할수록 예의를 지켜야 한다(親しき仲にも礼儀あり)'는 속담이 있다. 나는 이 말을 '적당한 거리'로 해석한다. 밀착된 관계는 언젠가는 숨이 막히게 마련이다.

마지막으로 한국의 타인과 비교하는 문화에서 탈출할 수 있다는 점이다. 집 평수나 남편 직장이나 수입을 묻는 사람도 없다. 일본에서는 엄청난 실례이기 때문이다. 일본에서 20여 년을 살면서 남편 직장이나 수입에 대해서 물어온 사람은 모두 한국인이었다. 만난 지 얼마 되지도 않았는데 남편은 뭐하는 사람인지, 집은 얼마나 넓은지를 묻는다.

일본에도 '폼생폼사'인 여자들이 있다. 한때 세계 명품의 4분의 1을 사들였던 일본이니 명품 가방과 옷을 선호하는 사람들과 여전히 명품에 빠진 사람들이 많은 것도 사실이다. 아이를 유치원에 보내기 위해 잠깐 외출하는 것뿐인데도 명품으로 멋을 내는 엄마들도 있다.

하지만 대부분 아이가 초등학생 때까지는 청바지에 티셔츠 차림이다. 자전거로 이동하는 일이 많기 때문이다. 아이들이 중학생 이상이 되면 조금씩 멋을 내기 시작한다. 그래도 한국에 비하면 아주 수수한 편이다.

이처럼 검소한 문화가 사회 전체에 스며들어 있는 일본에서는 검소함을 미덕으로 여긴다. 일본에서 지내다가 한국에 가면 갑자기 나 자신이 초라하게 느껴지기도 한다. 일본인 친구 사이에서도 화장을 안 하는 것으로 유명한 나는 화장기도 없고 입은 옷도 수수하기 때문이다.

다시 말하지만 남편이 '일본인'이어서 좋은 점은 없다. 일본 남자도 한국 남자처럼 가부장적인 사람이 있고 애처가, 공처가도 있으며 바람둥이도 있다. 그리고 내 남편처럼 자식보다 내가 우선인 어린애 같은 남자도 있다. 나를 포함해서 이런 남자들의 아내는 대부분 강하다. 아이를 키우는 엄마로서 후천적으로 강해질 수밖에 없었던 건지, 선천적으로 모성애가 강한 여자라서 결혼 후 더 강해진 것인지는 잘 모르겠지만 어쨌든 강하다. 그래서 다행히 어린애 같은 남편과 조화를 이뤄 나름대로 잘 굴러간다. 사공이 아내 한 사람이니 배가 산으로 올라가는 일은 없다.

TIP_ 온짱의 일본 살이
선물(お土産)을 뿌리는 일본인

일본인들은 선물하는 것을 좋아한다. '선물 뿌리기(ばらまき土産)'라는 말이 있을 정도이다. 잠깐 먼 곳으로 외출만 해도 뭔가 먹을거리를 사오고 단 일박이라도 여행을 가면 지인들에게 줄 선물을 잊지 않는다. 친구와 회사 동료는 물론 아이들 친구와 그 엄마들까지 챙기는 철저함에 매번 놀란다. 가격이 비싼 것도 아닌데 정성이 전해진다. 선물을 하는 범위가 넓기 때문에 최대한 많은 양이 필요하다. 저렴하면서도 기념될만한 것을 찾게 되는데, 주로 취향에 크게 구애받지 않고 소비할 수 있는 먹거리를 선호한다.

다만 설날에 감사의 의미로 보내는 선물인 '오세보(お歲暮)'와 추석의 '오추겐(お中元)'은 좀 다르다. 가격과 품격을 따지는 것은 물론, 받는 사람의 환경까지 감안해 가장 알맞은 물건을 보내려고 노력한다. 이때만큼은 가능한 한 백화점을 이용하려 하는 경향이 있다. 백화점 포장지가 정성의 척도가 된다고 생각하는 사람이 많기 때문이다. 모두가 그런 것은 아니지만 연령대가 높을수록 백화점에서 판매하는 물건은 품질이 더 좋고 고급스럽다는 이미지를 갖고 있다. 그래서 백화점 포장지가 중요하다는 말까지 한다. 선물하는 사람에게 최대한 예의를 갖추려는 심리라고 생각한다.

'뿌리기'라고 하면 연하장도 마찬가지다. 한국과 달리 크리스마스 카드는 거의 보내지 않는 일본에서는 대신 연하장을 보낸다. 엽서 형태의 카드를 정월 초하루 오전까지 도착하도록 하는 것이 기본이다. 연말이 가까워 오면 우체통에 연하장용 칸을 설치할 정도로 중요하게 생각한다. 부득이한 이유로 때를 놓치면 3일까지, 이때도 놓쳤을 경우에는 늦어도 7일까지는 보내는 것이 예의이다. 모두 일곱 종류의 야채를 넣고 끓인 죽인 '나나쿠사가유(七草が

매해 지인들과 주고받은 연하장들

ゆ)'를 먹는 7일이 명절이 마무리되는 날이다.

어린아이가 있는 집이라면 연하장을 만들 때 아이의 성장을 보고하는 의미로 아이 사진을 이용한다. 신혼이라면 첫해에는 결혼, 그다음 해에는 아이의 탄생을 보고하는 식이다. 아이들이 다 크면 반려견이나 반려묘가 등장하기도 한다. 그리고 나이가 들면서 점점 우체국에서 발행하는 단순한 연하장을 사용한다.

선물 뿌리기를 좋아하는 일본인은 연하장을 보내는 범위도 아주 넓다. 친척과 동창, 선후배는 물론 남편 회사동료와 '마마토모(ママ友)'들에게도 아이 이름을 함께 적어 보낸다. 이 정도만 해도 100장은 가볍게 넘는다. 한 친구는 매해 500장은 보낸다고 한다. 기본 내용은 프린터로 인쇄한다고 해도 한 줄씩 인사말을 쓰다 보면 작업량이 엄청나다. 남편은 직장을 두세 번 이동하면서 연하장 보내는 일을 그만두었다. 아이들도 다 컸기 때문에 인간관계는 각자 알아서 관리하기로 했다. 덕분에 나는 아주 편해졌다. 지금은 받은 연하장에 답장만 하고 있다. 나이가 더 들면 펜을 들고 싶어질지도 모르겠다. 옛날 방식

그대로 고마운 사람들에게 일일이 손으로 연하장을 쓸 수도 있을 것이다.

일본인들은 서로 섭섭해하는 일 없이 많은 사람들과 잘 지내고 싶은 마음에서 '선물 뿌리기'를 하는 것 같다. 누구에게는 주고 나에게는 안 주면 섭섭한 것이 사람이다. 조그마한 선물이라도 일단 받으면 마음이 즐거워진다. 소소한 선물을 주고받는 것으로 관계가 좋아지니, 일본 문화를 통해 느끼는 작은 행복이다.

여행선물은 가격보다는 여행지와 이어지는 물건으로 받는 사람이 부담되지 않는 것을 보내도록 하자. 모임에 선물을 하는 경우에는 개별 포장된 과자가 무난하다. 과자를 먹으면서 자연스럽게 여행지 이야기도 풀어놓을 수 있다. 그래서일까? 일본 사람들은 여행담을 '선물 이야기'라는 뜻의 '오미야게바나시(お土産話)'라고 표현한다.

2장

일본 남자와 연애하는 이들에게

무덤덤한 연애, 살뜰한 결혼생활

'이 남자가 정말 나를 좋아하기는 하는 거야?' 일본 남자와 연애를 하다 보면 종종 이런 의문을 품게 된다. 데이트 비용은 더치페이에, 나를 위해 희생할 기색이라곤 전혀 보이지 않기 때문이다.

'내가 이런 남자랑 사귈 필요가 있을까?'

'사랑한다면 다 해주고 싶어야 하는 거 아니야?'

한국 남자와는 전혀 다른 미지근한 일본 남자의 태도가 혼란스러울 것이다. 일본 남자와 연애해서 20년 넘게 결혼생활을 하고 있는 입장에서 말하자면 자기 배를 곯아가면서 데이트 비용을 준비할 일본 남자는 거의 없다는 것이다. 금전 문제뿐만 아니라 일본 남자는 감정 문제에서도 곧잘 깍쟁이 짓을 한다. 물론 여자 친구에게 홀딱 빠져서 온 정성을 다하는 일본 남자들도 있다. 다만 한국보다 로맨티스트 비율이 낮을 뿐이다.

일본 남자와 결혼해 지금은 행복하게 살고 있는 여동생이 연애하던 시절의 일이다. 애인이 도쿄에서 고베에 있는 회사로 옮기게 되었다. 둘 다 결혼적령기를 훌쩍 넘긴 나이였다. 동생의 유학생활은 막바지를 향하고 있었다. 나는 내심 여동생이 대학졸업과 동시에 결혼을 했으면 하는 바람을 가지고 있었다.
"프러포즈는 받았어?"
"아니."
"그 남자는 뭐래?"
"고베로 놀러 오래."
어이가 없었다. 도쿄에서 함께 있을 때도 바빠서 자주 못 만나던 36세의 남자와 30세의 여자의 원거리 연애가 쉬울 리가 없었다. 게다가 결혼적령기가 지난 남녀의 연애는 서로 절실함이 없으면 자연스럽게 헤어질 가능성이 크다.

"너희 정말 사귀기는 하는 거니? 놀러 오라니 그게 말이 돼?"

여동생도 이해가 안 되기는 마찬가지였지만 자기도 다른 방법이 없다고 했다. 동생보다 먼저 일본 남자와 연애해서 결혼에 골인한 나는 동생에게 이렇게 조언했다. 정말 그 남자를 좋아한다면 고베로 가기 전에 결론을 내라는 것이다. 놀러 오라는 말에 결혼 약속도 하지 않은 남자를 만나러 갈 수는 없지 않은가. 결혼할 마음이 있는 거라면 먼저 터놓고 이야기를 꺼내보라고 했다.

여동생은 그날 당장 애인을 만났다. 그때까지 센 척하고 숨기고 있던 감정이 터져 나와 처음으로 애인 앞에서 울었다고 한다. 그제야 애인은 사랑하는 사람을 슬프게 했다는 걸 깨닫고 사과를 한 것은 물론 결혼에 대해 적극적으로 이야기하게 되었다. 남자가 고베에서 다시 도쿄 회사로 옮긴 후 둘은 결혼했다. 여동생이 눈물바다를 연출한 지 3년이 지난 후의 일이다.

2012년 10월 여동생은 양가 가족들이 지켜보는 가운데 결혼식을 올렸고 후년에는 득남까지 해 시댁의 귀여움을 톡톡히 받으며 행복하게 살고 있다. 연애 중에는 확신을 주지 못했던 깍쟁이 일본 남자는 결혼 후 180도 달라졌다. 여동생이 출산을 하자 연말 휴가를 미리 받아 집안일을 도맡았던 것은 물론 삼시세끼 수발까지 들었던 것. 지금은 맞벌이를 하는 여동생을 도와 아침에는 아들을 보육원에 데려다주고, 주말에는 주방일을 돕는 살뜰한 남편으로 둔갑했다. 결혼 전에는 집에서 요리 한 번 해본 적 없는 남자가 '내 사람'이라는 확신을 한 순간, 정성을 다해 아내에게 사랑을 쏟기 시작했다. 경상도남자처럼 가부장적이라는 평을 듣는 큐슈 남자가 누구에게도 지지 않는 애처가가 되었다.

결혼생활은 정말 살아보지 않으면 모른다. 한국인이든 일본인이든 마찬가지다. 결혼 후에도 한결같이 연애시절 모습을 유지하는 남녀는 없을 것이다. 하늘의 별이라도 따줄 것 같던 남자가 찬바람이 불 정도로 차가워지기도 하고, 감정 표현을 잘 못하던 남자가 살가운 남편으로 둔갑하기도 한다. 한주먹 했다던 남자가 결혼 후에는 아내에게 쩔쩔매며 살기도 한다.

나는 결혼하자고 졸라대던 남편이 얼마나 잘해주려나 기대했지만 막상 결혼하고 나니 아무것도 하지 않는 어린아이가 되었다. 정말 살아봐야 안다. 결혼한 여자들 이야기를 듣다 보면 남자는 다 똑같다는 생각이 든다. 완벽한 인간이란 있을 수가 없다. 그래서 사는 맛이 나는 것일지도 모른다. 내 눈에는 잘난 남의 집 남편에게도 단점은 있고, 맘에 안 들어서 미워죽을 것 같은 내 남편에게도 장점은 있으니 말이다.

데이트 비용은 더치페이를 각오하라

연애할 때 돈을 물 쓰듯 하는 남자와 깍쟁이 같긴 해도 알뜰하게 돈을 모으는 남자. 결혼을 전제로 한 연애라면 당신은 어느 쪽 남자를 택하겠는가?

한국 남자 대부분은 연애에 모든 것을 건다. 사랑하는 여자를 위해서라면 하늘의 별이라도 따줄 것처럼 지극정성을 보인다. 그러다 결혼에 골인하면 그때부터 변한다고들 한다. 한국 남자와 결혼해서 살아본 적이 없는 나로서는 이 말이 진짜인지 알 길이 없으나 들려오는 풍월이 그렇다. 물론 결혼 후에도 연애하던 시절과 똑같이 자상한 남편도 있을 것이다.

그에 비해 일본 남자는 어떠한가. 일본 남자는 데이트를 할 때 더치페이가 기본이다. 어디까지나 동등한 입장에서 비용을 부담하기를 원한다. 이런 일본 남자를 비난하는 여자들도 있다. 돈 잘 쓰는 '통 큰 남자'가 인기 있는 것도 사실이지만 현실적으로 드물다. 그래서 일본 여자들은 더치페이를 당연하게 받아들인다. 다만 남자가 먹고 마시는 양이 상대적으로 더 많기 때문에 남녀대비 8:2, 7:3, 6:4 등으로 부담한다.

이 비율을 정할 때에도 커플 간에 미묘한 신경전이 벌어진다. 여자는 먹는 양이 적으니 덜 내고 싶어 하고, 남자는 같이 먹었으니 나누어 내고 싶어 한다. 이 때 남자가 너무 깍쟁이처럼 굴면 다음 데이트는 물 건너가기도 하지만 일본 남자는 크게 신경 쓰지 않는다. 체면보다는 현실을 택한다.

만약 일본 남자가 매번 데이트 비용을 다 부담하더라도 여자는 지갑 꺼내는 시늉이라도 하는 것이 이미지 관리에 좋다. 자신이 주문한 음식이 확실할 때에는 그것을 계산하면 된다. 이는 엄마들 모임에서도 마찬가지다. 일본 음식점 대부분은 소비세까지 포함한 대금을 알아서 계산해주니 더치페이하기가 편하다.

대학생이든 회사원이든 누구라도 데이트 비용을 펑펑 쓸 여유는 없다. 특히 용돈을 직접 벌어서 쓰는 학생들에게는 너무나 당연한 일이다. 회사원이 되었다 하더라도 마찬가지다. 부모로부터 독립한 경우라면 여유가 있을 수 없다. 사회 초년생 월급에서 뗄 것을 떼면 보통 18만 엔 정도가 손에 떨어진다. 집세가 싸다고 해도 매달 7~8만 엔은 들어간다. 나머지 10만 엔으로 꼼짝없이 한 달 동안 생활해야 한다. 학자금융자를 받았다면 매달 갚아나가야 하고 장래를 위해 저축도 해야 한다. 데이트 비용을 펑펑 쓸 수 없는 현실이다.

평범한 회사원이 돈을 물 쓰듯 한다면 자금 출처를 의심해야 한다. 분명 저축을 깨고 있거나 최악의 경우 데이트와 선물 공세를 하기 위해 빚을 지고 있을 것이다. 과한 선물공세를 하는 일본 남자를 만나고 있다면 마냥 좋아하지 말고 신중히 대처하기를 바란다.

여담이지만 20여 년 전 연애시절 데이트 비용은 거의 남편이 냈다. 나중에 들은 이야기이지만 어릴 때부터 해오던 500엔 저금통을 다 깼다고 한다. 딱히 선물을 받은 기억도 없다. 생일에 만년필과 볼펜 세트를 받은 것이 전부다. 지금은 쓰지도 못하고 보관만 하고 있다. 우에노 공원의 아마추어 아티스트가 만든 500엔짜리 하트 모양 반지도 있다. 지금은 손가락이 굵어져 끼지도 못하지만 소중한 추억으로 간직하고 있다. 지금 나는 그 500엔 저금통의 몇 배를 남편에게 돌려주고 있다. 그러고 보면 남편은 아주 훌륭한 투자를 한 셈이다.

500엔 저금통을 깨서 억척같은 한국여자를 낚았으니 말이다.

    더치페이는 일본 문화다. 한국의 '내가 쏠게' 문화와 비교해서 어느 것이 좋고 나쁘냐를 따지기보다는 그 사회의 현실을 이해하고 적응하는 것이 바람직하다. 처음에는 정이 없어 보이지만 내 주머니 사정이 나쁠 때는 오히려 다행이라는 생각이 든다. 익숙해지면 내가 먹을 만큼의 비용만 있으면 다른 걱정 없이 사람을 만날 수 있어 속이 편하다. 상대방이 비싼 음식을 시킨다고 해서 신경 쓰지 않아도 된다. 내가 먹은 음식만 계산하면 되기 때문이다. 처음 일본에 왔을 때만 해도 '인정머리 없다'고 느낀 문화이지만 지금은 오히려 깔끔한 인간관계를 유지할 수 있는 토대라고 생각한다.

도쿄 연애에서 빠질 수 없는 '전차'

한국의 한 포털사이트 검색창에서 '차 없는 남자를 어떻게 생각하느냐?'는 질문을 보았다. 어느 나라 사람이든 생각이 크게 다르지 않나 보다. 일본에서도 '차 없는 남자'에 대한 여자들의 생각을 궁금해하는 질문들이 많이 올라오니 말이다.

여자들 반응 또한 비슷하다. '차 없는 것이 대체 뭐가 문제냐'는 여자와 '차가 없는 건 좀 무능하게 보인다'는 여자로 나뉜다.

데이트에서 드라이브를 빼놓을 수가 없다. 차가 있으면 교외로 나갈 수 있고 바다를 보러 갈 수도 있다. 전차나 버스가 끊기는 시간을 걱정하지 않고 데이트를 즐길 수 있는 것은 물론 둘 만의 공간이 자연스럽게 생기니 사랑도 더 깊어질 수 있다. 그러나 최소한 '도쿄 23구(23区)'에서 데이트를 한다면 전차를 이용하는 것이 좋다. 전차 노선이 잘 발달되어 있기도 하고 서울처럼 주차문제가 심각하기 때문에 도쿄 23구에서는 웬만해서는 차를 끌고 나가는 것을 꺼린다. 오히려 전차로 이동하는 것이 시간도 정확하고 편하다고 생각한다. 물론 그럼에도 애초에 자가용이 없는 남자는 생각해볼 여지도 없다는 여자들도 있다. 세상에는 여러 종류의 사람이 있는 법이다.

　일본에서 차를 사려면 주차장을 소유하고 있거나 빌렸다는 증명서를 제출해야 한다. 즉 주차장이 딸린 집에 살고 있지 않은 이상 매달 주차장 비용을 감수해야 하다 주차장을 빌리는 데에는 매달 2~4만 엔이 든다. 이러한 부담 때문에 취직 후에도 부모 집에 살거나 경제적 여유가 있지 않은 이상, 도쿄에 사는 사회초년생이 차를 사는 일은 출퇴근 때문에 어쩔 수 없거나 운전이나 차를 좋아하지 않는 이상 드물다.

　최근 고유가와 불경기가 이어지면서 많은 사람들이 자가용을 포기했다. 특히 젊은이들은 차량유지비가 아깝고 전철망이 편리하게 정비되어 있어 굳이 자가용을 구입할 필요성을 못 느낀다고 한다. 차가 필요할 때는 렌트카나 카셰어링 서비스를 이용하는 사람들도 늘어나고 있다. 단카이세대(団塊世代, 1947년~1949년에 태어난 700만 명에 이르는 세대)까지는 자동차가 부의 상징이었을지 모르지만 젊은 세대에게 자동차는 이제 일종의 기호품이 되어가고 있다.

일본의 20대는 버블경제를 경험한 부모세대와 달리 불경기에 태어나 '돈'의 중요성을 피부로 느끼며 자랐다. 그래서 경제 관념이 현실적이며 장래 설계에도 건실한 사람들이 많다. 체면을 위해 돈을 쓰는 것보다 진정으로 원하는 일에 돈을 쓴다. 그렇기 때문에 가벼운 데이트를 하면서 돈을 펑펑 쓰는 일본 남자는 거의 없다. 남자니까 돈을 더 써야 한다는 생각을 갖고 있는 젊은이도 드물며 돈을 쓰는 것으로 남자임을 어필하지 않는다. 돈이 많이 드는 여자와는 사귀려고도 하지 않는다.

현실적으로 어려운 것을 떠나 내 돈을 여자에게 쓰고 싶지 않다는 남자들도 늘고 있다. 초식남 증가와도 맞물리는 현상이다. 그래서 데이트에서는 더치페이가 자연스럽게 이루어진다. 일본 남자들이 여자 의견을 존중하는 경향도 강해지고 있다. 옛날에 비하면 확실히 여자들이 살기 편한 세상이다. 그런데 종종 권리는 확대되기를 바라면서 데이트 비용 문제에서는 구시대적 사고방식을 가진 여자들을 종종 보게 된다. 아이러니한 일이다.

만약 당신이 일본 남자와 인연이 닿아서 사귀게 되었을 때 멋진 차로 마중 오지 않더라도 실망하지 말길 바란다. 이것이 바로 가장 현실적인 요즘 일본 젊은이의 모습이다. 여자 마음을 사로잡기 위해 낭비하기 보다는 자기 능력에 맞는 소비생활을 하고 장래를 위해서 저축을 하는 바람직한 모습이다. 전철을 탈 때에도 어느 노선으로 가는 게 경제적인지를 따져서 환승 횟수가 늘더라도 더 싼 쪽을 선택할 것이다. 인색한 것이 아니라 그것이 몸에 밴 습관이기 때문이다. 지금 대학생인 내 아들도 지하철을 타기 전에 어느 쪽 노선이 더 저렴한지를 체크하는데, 이는 일본 주부들 역시 마찬가지다.

젊은 일본 남자가 여자에게 큰돈을 쓰는 일이 있다면 아마 프러포즈할 때가 아닐까 싶다. 그는 전철을 타고 다니며 절약해서 모은 돈으로 반지를 사서 떨리는 가슴으로 당신에게 프러포즈를 할 것이다. 한국 남자만큼 로맨틱하지 않은가?

마지막으로 전차 데이트의 좋은 점도 있다. 운전을 하지 않으니 마음 놓고 한잔 할 수 있다. 이동 중에도 편안하게 서로에게 집중할 수 있다. 장거리 이동 중이라면 어깨를 맞대고 한숨 잘 수도 있다. 주차장 찾느라고 피곤할 일이 없다.

피곤할 때는 요령껏 택시를 이용하고, 교외로 드라이브를 하고 싶다면 렌트카를 이용하면 된다. 중요한 것은 내가 그를 사랑하고 있느냐이다. 사랑하는 그의 능력이 모자란 것 같으면 그만큼 내가 보충

하면 된다는 생각을 가져보는 건 어떨까. 남편을 만나던 당시 내가 그랬던 것처럼 말이다. 덕분에 나는 지금도 내 일을 하며 연애시절보다 더 자유롭게 살아가고 있다.

좀처럼 프러포즈하지 않는 초식남들

절식남(絶食男子)

2015년 2월 텔레비전에서 흘러나온 신조어다. 순간 내 머릿속은 혼란스러웠다.

'남자들이 절식을?'

'한창 먹성 좋을 때 무엇 때문에?'

'아닐 거야. 초식남(草食男子)이란 말이 있으니……'

절식남은 젊은 남자들이 다이어트를 위해서 굶는다는 뜻이 아니었다. 연애경험이 없는 것은 물론 성경험조차 없는 남자, 연애와 섹스에 별 관심이 없는 남자를 절식남이라 부른다는 것이다. 어쩌다 여기까지 오고야 만 걸까? 나는 절식남에 대한 내용이 끝날 때까지 눈을 동그랗게 뜨고 입을 벌린 채 화면만 주시했다. 초식남에 대해서 글을 쓰는 중에 절식남이 튀어나왔으니 놀랄 수밖에 없었다. 남자가 여자에게 흥미를 잃은 시대가 오다니! 경제위기 앞에 자손을 남기려는 남자의 본능마저 약해지고 있었다.

2006년 '초식남'이라는 신조어가 등장한 후 연애나 섹스에 대해 적극적이지 않은 남자를 다룬 특집기사와 책이 속속 출판되고, 해를 거듭할수록 매스컴에 거론되는 횟수가 증가하더니 이제는 익숙한 단어로 정착했다.

연애에 소극적인 남자들이 늘면서 반대로 연애에 적극적인 여자들이 늘어났고 '육식녀(肉食女子)'가 등장하더니 결국 '절식남'까지 등장했다. 좀 더 지나면 여자가 프러포즈하는 게 아주 당연한 세상이 올지도 모른다.

인터뷰에 응한 한 남자 대학생은 "동성인 남자 친구들과 노는 것이 재미있어서 여자에게 큰 관심이 없다"고 했다. 오해를 막기 위해서 미리 말해두지만 이는 흔히 '오타쿠'라고 불리는 '멋없는 남자들'만의 이야기가 아니다. 멀쩡하게 잘생긴 남자들이 연애에 적극적이지 않다는 것이다. 이들은 정작 연애를 시작해도 좀처럼 프러포즈를 하지 않아 여자들의 애를 태운다. 오죽하면 '초식남에게 프러포즈 받는 방법'이란 칼럼이 줄줄이 나올까. 내 나름대로 이들이 프러포즈를 못하는 이유를 알아보고 정리해보았다. 다음과 같은 세 가지 결론이 나왔다.

첫째, 먹여 살려야 한다는 책임감이 부담스럽기 때문이다. 여자의 사회진출이 많아져서 맞벌이가 당연하게 여겨지는 지금도 여전히 초식남들은 남자로서 느끼는 책임감이 막중하다고 한다. 절대 나쁘지 않다고 생각한다. 능력 없이 입만 살아서 하늘의 별이라도 따다 주겠다는 당치도 않는 말을 늘어놓는 남자보다 훨씬 낫다. 소극적이지만 책임감이 강한 초식남들은 결혼을 하면 반드시 가족을 부양해야 한다고 생각하고 있기 때문에 결혼에 더 신중하다.

둘째로 연애경험이 거의 없는 초식남들은 실연과 상처받는 일에 대한 면역력이 남들보다 낮다. 프러포즈해서 거절당하고 실연당하는 것보다는 현재 자신의 행복을 유지하는 편이 더 낫다고 여긴다 한다.

마지막으로 결혼의 필요성을 느끼지 못해서다. 도처에 널린 편의점과 패스트푸드점 덕분에 독신 남자가 먹고 사는 일에 별다른 불편함이 없다. 집에 가서 혼자서 즐길 수 있는 취미생활이 많아 외로움을 느낄 새도 없다. 비로소 외로움을 느끼는 때는 한참 나이가 들어서일 것이다. 어쩌면 평생 외롭지 않을지도 모른다. 남편의 작은아버지만 해도 평생 독신으로 아주 홀가분하게 살고 있다. 큰돈이 드는 취미생활을 즐기면서 말이다. 버는 돈은 전부 나를 위해 쓰고 싶다는 생각을 갖고 있는 남자들이 많은 것도 사실이다.

역설적으로 초식남들은 좋은 남편이 될 소질을 많은 부분 갖추고 있다. 이들은 자기주장을 펴기보다는 상대방에게 맞추려는 성향이 있기 때문에 협조적인 것은 물론 대체로 가정적인 남자가 많다고 한다. 지금은 남자들도 가사를 분담하고 육아에 적극적으로 참여해야 하는 시대이다. 아내 대신 휴가를 받아 집에서 아이를 돌보는 남자들이 늘고 있다. 어쩌면 이런 남자들이야말로 지금껏 남자들은 맛볼 수 없었던 진정한 행복을 느끼고 있을지도 모른다. 평생 일에만 몰두하다 정년퇴직했더니 가족과 함께한 추억은 없고 아내와 자식들은 차갑기만 하더라는 남자의 인생보다는 행복하지 않을까?

나는 다시 태어나도 여자로 태어나고 싶다. 아직도 남자들이 더 살기 좋은 세상인 것이 사실이지만 여자의 인생이야말로 드라마틱하고 재미있기 때문이다. 가장 큰 이유는 아이를 낳을 수 있다는 것이다. 이 재미있는 일에 온 정성을 다해 몰입해본 적이 없는 남자들을 동정한다. 세상에 아이를 낳고 기르는 것보다 더 의미 있고 보람 있으면서 한편으로 머리를 쥐어짜게 만들 만큼 재미있는 일이 또 있을까? 나는 없다고 단언한다. 일과 가정 모두를 병행해온 경험에서 말하자면 밖에서 '일'만 하는 것이 아이를 키우는 일보다 쉽다.

당신의 애인이 초식남이라고 해서 포기하지 말라. 오히려 가정적인 남편이 될 수 있는 남자이니 잘 구슬려서 프러포즈를 받아내기 바란다. 프러포즈를 할 수 있는 분위기를 만들고 남자가 결정적인 '대사'를 뱉을 수 있도록 유도하자. 가족을 부양하는 일을 걱정하는 눈치라면 맞벌이를 할 수 있다는 것을 어필하자. 초식남에게는 충분히 그럴 가치가 있다. 해도 후회, 안 해도 후회하는 결혼이라면 해보고 후회하자. 사랑한다면 그가 초식남이든 절식남이든 일단 내 것으로 만들자. 그들은 분명 훌륭한 남편이 되어줄 것이다.

일본에서 20년 넘게 지내는 동안 나는 누구보다 평범하면서도 자유롭게 살고 있다. 조금 과장해서 말하자면 나는 한국인이라는 '개성'을 살리면서 그 누구보다 신나게 살아가고 있다. 이는 일본어를 자유자재로 구사할 수 있기 때문에 가능한 일이다. 일상생활에 불편함이 없는 것은 물론 사소한 감정까지 자유롭게 표현할 수 있어 일본인 친구들의 고민을 듣고 나누기도 한다.

도쿄에서 20여 년을 살아왔으니 지방 출신 일본인보다 더 도쿄에 익숙하다. 비록 선거권은 없지만 나는 분명 '도쿄 도민'이다. 반면 나는 '서울통'이라고 불리는 일본인보다 서울에 대해 모른다. 한국인이라면 으레 서울에 대해 잘 알 것이라고 생각하지만 제주도 출신인 나에게 서울은 낯선 동네일 뿐이다. 도쿄는 안내할 수 있지만 서울은 어렵다. 그 지역을 잘 안다는 건 국적과는 상관이 없다. 경험을 했느냐 아니냐의 차이일 뿐이다. 내가 태어나고 자란 제주도가 내 고향이라면 현재 살고 있는 도쿄는 제2의 고향이다. 그러고 보면 옛날 사람들은 좋은 말을 많이 남겼다. '정들면 고향(住めば都)'이라는 속담이 그것이다.

만약 당신이 일본인과 연애를 하고 있거나 결혼을 생각하고 있다면 혹은 일본에서 살아보려는 생각을 하고 있다면 당장 오늘부터 일본어와 신나게 놀자. 볼펜과 메모장을 달고 살고, 여의치 않을 때는 스마트폰 메모장이라도 이용하여 나만의 일본어 노트를 만들자. 나중에 훑어볼 일이 없더라도 절대 흘려 쓰지 말고 또박또박 정리하자.

나는 이 방법으로 일본어 실력을 한 단계 위로 끌어올렸다. 사실 정리한 노트를 다시 찾아보는 일은 거의 없다. 노트를 정리하는 동시에 일본어 실력이 계속 성장하기 때문이다. 물론 일본소설을 술술 읽을 때까지는 많은 시간이 걸렸다. 아직도 모르는 단어가 많다. 그러나 이전보다 찾는 횟수가 줄어들었다. 요즘은 전자책 덕을 많이 본다. 모르는 한자를 터치하면 단어 설명이 나온다. 세상이 정말 좋아졌다. 일본 사람도 어려운 한자는 잘 모르니 창피해하지 않아도 된다. 외국인이 모르는 한자가 있는 건 당연한 일이다. 가끔은 배짱도 필요하다.

　단순히 여행이 목적이라면 일본 어느 관광지를 가더라도 한글표기가 잘 되어 있으니 불편하지 않다. 관공서에도 외국인전용 소책자가 준비되어 있어 크게 불편할 일은 없다. 하지만 타국에서 사는 일은 현실이다. 일본사회에서 일본 사람들과 어울리며 살아가야 하는데 일본어를 전혀 하지 못 한다면 소통을 할 수 없다. 소통이 안 되면 아무리 오래 살아도 이방인에서 벗어날 수 없다.

　일본어가 서툴다고 해서 두려워하거나 창피해 할 필요는 없다. 도쿄 사람들은 여러 나라 사람들이 독특한 억양으로 말하는 일본어에 이미 익숙해져 있다. '틀리면 어떡하지'가 아니라 '난 외국인이야. 틀리는 건 당연하지'라는 생각으로 일본어를 거침없이 쓰자. 그다음에 뜻이 통했는지를 상대방 눈을 보고 확인하자. 틀린 것 같으면 잘못 말한 것이 있는지를 묻고 고쳐나가면 된다. 대화 중에 뜻을 모르는 단어가 나오면 상황이 허락하는 한 질문을 해서, 그때그때 습득해나가자. '질문하는 건 한순간의 수치, 질문을 안 하는 건 평생의 수치(聞くは一時の恥聞かぬは一生の恥)'라는 일본 속담이 있다. 살아있는 사전이 널려 있는데 쓰지 않을 이유가 없다.

이 책을 쓰면서 지인들에게 나와 친구가 될 수 있었던 이유를 물어보았다. 곧바로 돌아온 대답은 "일본어가 되잖아"였다. 가끔 발음이 이상할 때도 있고 한국인들만 아는 농담을 할 때면 이해하지 못 할때도 있지만 그런 건 상관없다고 한다. 어느 정도 일본어가 되기 때문에 충분히 어울릴 수 있었다는 것이다.

연애는 국적이 다르고 말이 잘 통하지 않아도 할 수 있다. 눈빛만으로 통해서 결혼까지 갈 수도 있다. 물론 말처럼 쉽지는 않다. 그러나 연애 외의 모든 인간관계에서 중요한 매개체는 언어다. 조급해할 필요는 없다. 차근차근 일본어를 내 것으로 만들어가면 된다. 남편의 사랑이 아무리 크다 한들 앞으로 내가 살아갈 나라의 말을 모르면 절대 행복할 수 없다. 남편이 한국말을 자유자재로 할 수 있다고 해도 24시간 붙어살 수는 없는 노릇이다. 그러니 일본에서 살 계획이 있다면 지금 당장 일본어에 빠져들어라.

신혼 초에 부부싸움을 할 때마다 일본어 실력이 딸려 열불이 났던 적이 한두 번이 아니다. 의견이 엇갈릴 때마다 제대로 설득을 할 수 없어서 답답했다. 그때 결심했다. '그래, 언젠가는 일본어로 이겨주마.' 우습지만 그런 결심으로 일본어 공부에 매달리니 일취월장이었다. 덕분에 학부모 모임이나 친구들 사이에서도 의견을 정확하게 전달할 수 있게 된 것은 물론 누가 잘못한 일이 있으면 대화를 통해 풀 수 있는 여유까지 생겼다.

일본어로는 남편을 이길 수 있을 것 같은데 남편 고집에는 두 손 두 발 다 들었다. 말로 해도 안 되니 '차라리 말을 말자'가 된다. 일본어만 마스터하면 휘어잡고 살 줄 알았는데 또 다른 문제가 나타난 것이다. 이제는 이길 수 있을 것 같았는데 상대는 또 한 수 위다. 부부라는 것이 이래서 재미있다. 절대 단순하지 않다.

말보다 중요한 것, 열린 마음

　　　　　　　　오픈 마인드! 뭐니뭐니해도 외국생활에서 가장 필요한 것은 열린 마음이다. 긍정적인 마음을 품지 않으면 다가오던 사람도 멀어진다. 수줍어서 제대로 인사조차 못하는 사람에게 먼저 손 내밀 수 있어야 한다. 관심을 보여야만 다가오는 사람이 있다. 상대방이 소극적이라고 해서 절대 포기하지 말자.

　대체로 일본 사람들은 신중하다. 시간을 갖고 천천히 사귀다가 마침내 속내를 드러내는 단계까지 이르면 관계는 오래갈 것이다. 만나자마자 "너 나랑 친구하자"라고 말하는 화끈한 일본인은 없다고 생각하는 것이 좋다. 대신 한번 친분을 맺으면 오래가는 편이니 이 점은 안심해도 좋다. 성급하게 굴면 안 된다는 것만 기억하자.

나의 일본인 친구들은 말을 걸었을 때 내가 피하지 않고 반갑게 받아들인 점이 좋았다고 한다. 단순한 호기심에 말을 걸었을 수도 있지만 '뭔가 도와줄 일은 없을까'라는 친절한 마음으로 말을 걸어오는 경우도 있을 것이다. '이상한 사람이라고 오해하면 어떡하지?'라고 걱정을 하면서도 용기를 낸 사람이 있을 수도 있다. 이때 거부반응을 보이거나 어색해서 멀뚱거리면 다시 말을 걸어오는 일은 없을 것이다. 일본인이 먼저 말을 걸어온다면 일본어 실력이 좀 부족해도 당황하지 말고 웃는 얼굴로 대하자. 웃는 얼굴에 침 뱉을 사람은 없다.

큰애가 유치원에 다니기 시작한 지 얼마 지나지 않았을 때의 일이다. 같은 동네에 사는 한 엄마가 말을 걸어왔다. 집에서 차나 한잔 하자는 것이다. 일본 사람이 처음 보는 사람을 집에 초대한다니 신선했다. 딱히 거절할 이유도 없는데다 일본인 친구를 사귀고 싶었던 터라 흔쾌히 받아들였다. 이 첫 만남 후 모임의 인원은 여섯 명 정도로 금세 불었다.

집을 개방하고 새침을 떨지 않는 그 친구의 성격 덕분에 모임은 항상 엄마와 그 아이들로 꽉 찼다. 일본에 와서 처음으로 사귀었던 수영장 친구들 다음으로 갖게 된 모임이었다. 여기에서 여러 가지 정보를 얻었다. 가장 큰 수확은 아이들을 보낼 학교 정보였다. 정보를 바탕으로 학교를 견학하여 아이를 보낼 초등학교를 선택했다. 이 모임은 둘째가 초등학교에 입학할 때까지 이어졌다.

흔히 한국 사람은 일본 사람에게 '겉과 속(本音と建て前, 혼네토 다테마에)이 다르다'고 말한다. 틀린 말은 아니다. 그러나 과연 일본 사람만 그런가 생각해보면 딱히 그렇지도 않다. 한국 사람 역시 말하기 힘든 일에는 적당히 얼버무려 자리를 피하기도 한다. 상대방 의견에 찬성하지 않을 때도 그렇다. 속을 숨기기 위한 방편일 수도 있지만 상대방에게 상처를 주고 싶지 않아서일 수도 있다. 말 한 마디로 오해를 낳고 미움을 사게 되니 얼렁뚱땅 얼버무리는 것은 아닐까? 나 또한 웬만큼 친한 친구가 아니면 필요 이상으로 참견하지 않는다. 그렇다고 마음에 없는 말은 못하는 성격이라 잠자코 듣기만 할 때도 있다. 물론 상대방이 일대일로 고민을 털어놓으면서 솔직한 의견을 원할 때는 거침없이 말한다.

어릴 때부터 나는 하고 싶은 말은 해야 직성이 풀리는 성격의 소유자였다. 상대방을 위하는 마음이 아니라 그렇게 하지 않으면 참지 못해서였다. 지금은 좀 다르다. 내가 아닌 상대를 위하는 마음에서 용기를 낸다. 일본인 친구들은 이것을 '나'이기 때문에 할 수 있는 일이라고 말한다. 언제부터인가 나는 마음속에 있는 말 혹은 상대방이 듣고 싶은 말을 직설적으로 하는 사람으로 인식되어 있다. 하지만 20대의 나와 비교해보면 참 많이 둥글어졌다. 한생의 중턱을 넘어 50대에 접어들면서 저절로 용서되는 일도 많아졌다.

살다 보면 흐지부지 지나가는 것이 편하게 느껴질 때도 있다. 사소한 일에 신경을 곤두세울 필요가 없다. 일본인의 본심을 몰라 속상한 날도 있겠지만 곧 익숙해질 것이다. 그러니 너무 걱정하지 말자. 일본인 역시 한국인의 마음을 헤아릴 수 없어 고민하고 있을지 모른다.

젊은 시절 나는 모든 일에 흑백을 가르고 싶었다. 나이가 들면서 차츰 '회색'의 존재에 눈을 돌리게 되었다. 세상에는 많은 '회색지대'가 존재한다. 이 자체는 옳고 그름의 문제가 아니다. 그저 현실일 뿐이다. 그러니 무조건 흑백으로 나누기보다 아예 이 회색의 존재 가능성을 품어버리자. 어차피 내가 책임질 수 있는 건 내 마음뿐이다. 아니, 내 마음도 맘대로 안 될 때가 더 많지 않은가.

당신이 일본에서 살 결심을 했다면 어떻게든 일본 사람과 어울리겠다는 마음가짐을 갖길 바란다. 무작정 역사와 정치 문제를 전면에 내세우기보다는 일단 '나'라는 존재를 통해서 한국 사람도 일본 사람과 마찬가지로 희로애락을 느끼는 보통 사람임을 알리는 것이 효과적인 애국이라고 생각한다. 내가 이 책을 쓰는 이유 중 하나이기도 하다. 일본인 역시 한국인들과 똑같은 사람이라는 것을 알리고 싶었다. '풀뿌리교류'를 통해 양국의 평범한 사람들이 더 사이좋게 지냈으면 하는 바람이다. 일본 사람들 역시 한국인인 나를 '열린 마음'으로 흔쾌히 받아들여 주었다.

TIP_ 온짱의 일본 살이
남편은 500엔 점심, 아내는 호텔에서 런치

일본에서 텔레비전을 보다 보면 종종 샐러리맨의 점심값에 대한 인터뷰가 나온다. 하루에 500엔에서 700엔 정도가 대부분이다. 다음 장면에서는 호텔 레스토랑에서 수다를 떨면서 런치뷔페를 즐기는 아내들 모습이 나온다. 예산은 보통 2천 엔에서 3천 엔 정도다. 재미있는 것은 500엔으로 끼니를 때우는 남편과 2천 엔짜리 뷔페를 즐기는 아내의 표정이 모두 밝다는 것이다. 정작 일본인들은 아니라고 하지만 내 눈에 비치는 일본 서민들은 행복하게 느껴진다. 물론 생활고를 겪는 일본인이 많다는 점을 부정하지는 않겠다.

일본 주부들이 남편 몰래 모아둔 비자금(へそくり, 헤소쿠리)은 평균 400만 엔을 넘는다고 한다. 적게는 100만 엔 미만에서 많게는 1,000만 엔 이상을 모아둔 주부도 있다. 비자금을 챙기는 이유는 여러 가지다. 노후 대비와 아이 장래를 위해 혹은 가족이 큰 병에 걸렸을 때를 대비하기 위해서이다. 물론 나 자신을 위해서라고 말하는 사람도 있지만 가족을 위한 또 다른 저축이라고 하는 편이 맞다. 이혼하지 않는 한 아내의 비자금이 엉뚱한 곳에 쓰일 일은 없을 것이니 말이다.

아베노믹스 영향으로 경기가 좋아지고 있다고들 한다. 그러나 엔저 현상이 지속되어 생활용품 가격이 오르면서 주부들은 가계의 허리끈을 더더욱 졸라매야 한다. 대기업 종사자 외에는 아베노믹스의 은혜를 입지 못하고 있다. 절약이 몸에 밴 것은 남자들도 마찬가지다. 한정된 용돈으로 생활해야 하기 때문이다. 가족 행사에 들어가는 비용은 반드시 생활비에서 충당한다. 아내에게 주는 선물은 남편 용돈으로 사지만, 아이들 생일선물은 생활비에서 지출하는 식이다. 용돈이 적은 것도 있겠지만 일본인들이 워낙 금전관계가 철저하기 때문이 아닐까 싶다.

남편의 말을 빌린다면 "내 용돈을 가족 행사에 쓰는 건 말이 안 된다. 생활비가 있지 않냐"는 것이다. 남편이 깍쟁이처럼 굴 때마다 한심해보이기도 하지만 현실적으로 생각해보면 그럴 수밖에 없다. 2014년 일본 회사원 용돈 평균액은 4만 엔 정도인데 남편의 한 달 용돈은 고작 3만 엔이다. 원래 5만 엔에서 아이가 하나씩 태어날 때마다 1만 엔씩 줄였다. 술 담배를 하지 않으니 크게 힘들 것도 없다고 생각한다.

일본 샐러리맨의 용돈사정은 대부분 이렇다. 한국 남자들은 분명 견디지 못할 것이다. 일본 회사원들은 술도 조촐하게 마신다. 밖에서 마실 여유가 없기 때문에 집에서 저녁 식사를 하며 마시는 맥주한잔에 삶의 기쁨을 느끼기도 한다. 주부들은 남편을 위해 냉장고에 맥주를 미리 넣어둔다. 조촐한 안주와 함께. 우리 집은 남편과 나 모두 집에서는 술을 잘 마시지 않기 때문에 마시고 싶은 사람이 그때그때 사온다.

호텔 레스토랑에서는 계절마다 주부들을 공략하는 런치메뉴가 출시된다. 여자들이 기꺼이 지갑을 열고 싶도록 아이디어를 총동원한다. 그러나 주부들이 항상 호텔 런치를 즐기는 것은 아니다. 평소에는 절약을 실천하고 분기별 친구들 모임이나 기념일에 가끔 럭셔리한 런치뷔페를 즐긴다.

3장

일본 남자와 결혼하기 전에 꼭 알아야 할 것들

일본에도 시월드가 있다

시어머니, 시누이, 시동생, 시댁 친척들까지. 아군보다는 적군으로 보이는 '시'자로 시작하는 단어들이다. 단기간에 급속한 경제성장을 이루며 선진국 대열에 들어선 지 오래고 사회 전반적으로 개인주의가 만연한 일본에서도 고부갈등은 한국 못지않다. 고부갈등으로 우울증을 겪는 주부도 있고 심한 경우에는 이혼으로 치닫게 되기도 한다. 특히 전쟁을 경험한 전후 세대의 시어머니를 모시는 50대 이상 며느리들이 가장 고생하는 세대가 아닐까 생각한다.

일본에도 옛날에는 며느리를 '가정부' 취급하는 인식이 강했다고 한다. 패전 후 먹을 것이 귀하던 시절에는 식구(食口)를 줄이기 위해 딸을 시집보내는 일도 흔했다고 하니 일본 여자들도 만만치 않은 고난의 역사를 걸어왔다. 그런데 그 원한을 푸는 상대가 남편도 자식도 아닌 며느리였다. '너도 나처럼 살아봐라', '나는 너보다 더 고생하며 살아왔다'는 심정이다. 시대가 바뀌면서 그 정도는 약해졌지만 고부갈등의 역사는 아직도 끝나지 않았다. 물론 요즘 며느리들은 더 이상 참고 살지 않는다.

드문 일이긴 하지만 부모 반대를 무릅쓰고 결혼하고 부모와 인연을 끊고 사는 부부도 있다. 부모 반대로 헤어지는 커플은 한국보다는 적을 것이다. 부모가 결혼식에 참석하지 않아도 결혼식을 올리거나 혼인신고만 하고 사는 부부도 많다. 이런 경우 며느리가 시부모를 살갑게 대할 리 없다. 아주 냉랭하다. 한국에서는 결혼을 반대했던 며느리라도 손자를 낳고 살다 보면 서로 용서하고 관계가 좋아진다고 들었다. 이는 한국 며느리들이 착하기 때문이다. 며느리를 용서한 시부모가 너그러운 게 아니라 자신을 미워한 시부모를 용서한 며느리가 더 훌륭한 것이다.

임산부 수영교실에서 만난 한 친구는 아이가 태어난 후 한 번도 시부모에게 데리고 간 적이 없다고 했다. 대체 그런 일이 용서가 되느냐고 물었다. 그녀는 결혼하겠다고 인사 갔을 때 시부모가 허락하지 않았고 결혼식에도 오지 않았기 때문에 인연을 끊었다고 했다. 18년이 지난 지금 그녀가 시부모를 용서했는지는 모르겠다. 부디 관계가 좋아져서 왕래가 있었으면 하는 바람이다.

한국에서는 제사를 지내야 하니 반대했던 결혼이라도 얼굴을 볼 수밖에 없지만 일본 가족관계는 안 보면 그만이다. 한국처럼 자손들이 모여서 조상 묘를 찾는 풍습마저 사라지고 있기 때문이다. 바쁘다는 핑계로 각자 시간이 될 때 성묘를 가기 때문에 굳이 얼굴을 맞대지 않아도 된다.

물론 일본에도 참고 사는 며느리가 있다. 내 친구도 그중 하나다.
그녀는 3층 건물에 살고 있다. 1층은 남편 사무실이고 2층은 시부모 자택이다. 친구 부부는 3층에 살고 있다. 시부모와 같은 집에 사는 것과 마찬가지이다. 며느리가 외출하면 잠시 손자들을 봐줄 만도 한데 흔쾌히 봐주는 일이 없다고 한다. 학부모회의에 참석하는 단 한두 시간도 말이다. 그래서 친구는 항상 행사 때마다 둘째를 업고 왔다. 친정은 멀어서 아이들을 맡기러 갈 수 없었다. 행사가 종일 이어지는 날은 친정 부모를 집에 불러 둘째를 맡기고 나왔다.

시어머니는 외손자들은 시도 때도 없이 봐준다고 했다. 가까운 데 사는 것도 아닌데 말이다. 그러면서 막상 도움이 필요하면 친구에게 부탁한다. 시어머니가 입원했을 때 정작 병원을 왕래하며 신경쓰는 건 푸대접받던 친구였다. 딸은 면회만 한 번씩 왔다 갈 뿐이었다. 딸로서 슬픔은 있겠지만 간병을 하겠다는 제안도 해오지 않았다고 한다. 마지막까지 힘을 발휘하는 건 역시나 착한 며느리들이다. 그 딸도 시댁에서는 며느리로 참고 살고 있을 것이다. 이 역시 우리가 살아가는 사회의 모습이다.

시어머니 지시에 거역 못 하는 며느리도 있다.
그녀는 시부모와 같이 살고 있지는 않지만 한 동네에서 살고 있다. 남편은 일본 유명 대학 출신이고 아내는 지방대학 출신이다. 남편이 지방근무를 하던 시절에 만나 결혼했다고 한다. 시어머니는 지방대학 출신 며느리가 탐탁지 않아 사사건건 간섭한다. 특히 자녀를 교육하는 일에서는 자신이 아들을 키우던 방식을 그대로 따르라고 한다는 것이다. 심지어 손자들이 다닐 수영교실을 지정하기까지 한다. 그 집 아이들이 특별히 수영을 잘 하는 것도 아니었는데 말이다. 이처럼 납득이 가지 않는데도 거절을 못 하고 스트레스를 받으면서 그저 따라주는 며느리들도 있다. 시어머니가 나이가 들어서 저절로 기운이 빠지기를 기다리는 수밖에 없다.

만약 당신이 일본인과 결혼할 생각이라면 무엇보다 자기 의견을 확실히 표현할 것을 권한다. 대화가 끝난 후라도 '이건 아닌 것 같다'

는 생각이 들면 다시 정중히 거절하자. 어른이 하는 말을 도저히 거역할 수가 없다면 '잘 몰라서 못 하겠다'는 엄살이라도 부리자. 나처럼 엄살을 못 부리면 모든 일을 다 맡아서 하는 상황이 된다.

시부모나 남편 요구를 잠자코 들어주다 보면 끝이 없다. 당신이 착하고 예쁜 며느리가 되고 싶은 마음은 이해한다. 그러나 평생 착한척하고 살지 못할 거라면 처음부터 솔직하게 하자. 결혼 초기에 남편이 확실한 내 편일 때 엄살도 부리고 거절도 하자. 확실히 거절하지 않으면 "싫다고 하지 않아서 몰랐다"고 할 수도 있다. 용납이 되는 일만 받아들이고 그렇지 않으면 정중하면서도 확실하게 거절하자.

천천히 자신의 가치관과 취향을 표현하면서 시집 식구들이 익숙해지도록 하자. 결혼 초기에는 어이없어하면서도 바로 용서를 해준다. '외국인이라 잘 몰라서 그렇겠지'라고 생각한다. 그런데 처음부터 무리해서 잘 하다가 태도를 바꾸면 나쁜 사람이 된다. 상대방에게 기대를 갖게 해놓고 그 기대를 저버리니 말이다. 이런 상황이 일어나지 않도록 처음부터 있는 그대로를 보여줄 것을 권한다. 시부모를 순수한 마음으로 대하고 절대 뒤끝을 남기지 말자. 그렇게 하다 보면 서로 편한 관계가 될 것이다.

시부모는 절대 내 부모가 아니라는 것을 명심해야 한다. 적당한 거리를 두고 깍듯이 대하도록 하자. 솔직한 게 좋답시고 마음 내키는 대로 행동해서 상대방을 불쾌하게 하는 일은 없어야 한다. 당신이 일본에서 사는 한 막상 의지가 되는 건 일본에 있는 가족일 것이다. 한국이 아무리 가깝다고 해도 금방 달려와 줄 수 있는 건 일본 시댁 식구들이다. 이 점을 명심하고 그들과 좋은 관계를 이룰 수 있도록 노력하자. 경험상 한국 시집살이보다는 훨씬 편할 것이다.

 기회가 된다면 결혼하기 전에 〈나는 죽을 때까지 재미있게 살고 싶다〉라는 책에서 '나는 며느리에게 거절하는 법부터 가르쳤다' 부분을 읽어보기 바란다. 책에 나오는 부모와 자식 간의 이야기를 주의 깊게 읽고 이를 일본에서 실행하면 한국에서보다도 훨씬 쉽게 적용할 수 있을 것이다. 그리고 큰 저항감 없이 받아들여질 것이다.

딱 1년만 일본을 흡수하고 익히자

만약 당신이 일본인과 사귀어왔거나 유학경험이 있다고 해도 막상 결혼을 하면 전에 알고 있던 일본과는 전혀 다른 모습을 접하게 될 것이고 당황하는 일도 벌어질 것이다. 그저 손님일 때는 기분 좋게 지낼 수 있지만 입장이 바뀌면 내가 알아서 해야 하는 일들이 늘어난다. 연애 시절에는 봐줄 만하던 일이 결혼 후에는 못 봐줄 일이 되기도 한다. 당분간은 모든 일에 신경이 날카로울지도 모른다. 이럴 때는 신경을 곤두세우지 말고 그냥 웃어넘기자. 당신이 살고 있는 땅은 한국이 아닌 일본이라는 점을 잊지 말라. 어느 나라에서 살든 때가 되면 익숙해진다. 언젠가는 일본 생활이 더 편하다고 느끼는 날이 올 것이다.

일본문화는 기본적으로 '네 것은 너의 것, 내 것은 나의 것'이다. 남의 것을 탐하지 않고 내 것을 남에게 빼앗기는 것도 싫어한다. 부부 관계에서도 마찬가지이다. 남편 것, 아내 것이라고 정해졌다면 허락 없이 손을 대서는 안 된다.

예를 들어 남편이 용돈으로 사놓은 푸딩을 아내가 물어보지도 않고 먹어버렸다고 하자. 남편은 간식으로 먹을 푸딩을 떠올리며 즐거운 마음으로 귀가를 한다. 상쾌하게 목욕을 마친 뒤 냉장고 문을 연다. 그러나 푸딩이 보이지 않는다. 허락도 없이 아내가 먹어버린 것이다.

"내 푸딩 누가 먹었어?"

남편은 화를 낸다. 아내는 "그까짓 푸딩 갖고 왜 그래?"라고 되받아치면서 가벼운 실랑이가 벌어진다.

이제는 익숙해졌지만 일본에서 살면서 거부감을 느꼈던 말 중 하나가 "스미마셍(すみません, 미안합니다)"이다. 고마운 일이나 부탁할 일이 있을 때도 "아리가또 고자이마스(ありがとうございます, 감사합니다)"

나 "오네가이시마스(おねがいします, 부탁합니다)"보다 "스미마셍"이라고 말한다. 처음에는 상대방이 대체 뭘 미안해하는지를 몰라 "뭐가요?"라고 되물었다.

'고마우면 그냥 고맙다고 하면 될 걸 왜 미안하다고 하지?'. '진짜 사과할 때는 뭐라고 하나?' 한동안 언어의 소화불량에 걸렸던 때도 있다.

그러나 지금 나는 일본인과 마찬가지로 "스미마셍"을 입에 달고 산다. 고마운 일에는 감사하다는 표현을 쓰고 있지만, 신세를 졌다는 느낌이 강할 때는 역시 스미마셍이 먼저 나온다. 이 말도 익숙해지면 아주 편한 말이다. 긍정적으로 받아들이자. 어떤 문제가 있을 때 미국에서는 "미안하다"고 하면 가해자 취급을 받는 반면, 일본에서는 사과를 했으니까 괜찮다고 한 번 봐주기도 한다.

일본의 '물밑작업(根回し, 네마와시)'문화는 기업과 정치계에만 있는 것이 아니다. 유치원과 초중고 학부모 모임에서도 이른바 물밑작업이 이루어진다. 임원회의를 거쳐 대부분의 사항을 결정한 후에 전체 회의를 소집하여 승인을 받는 형식이다. 자기 의견을 말하는 것에 익숙한 외국인은 눈만 멀뚱멀뚱하는 상황이 벌어진다. 회의가 있다고 해서 참석하면 모든 상황이 이미 결정되어 있다. 추가로 자원봉사자를 모집하는 정도가 전부이다.

학부모들은 발언할 생각을 하지 않으며 그 때문에 분위기가 침체

되는 경우도 없다. 오히려 시간을 절약할 수 있어 좋다는 분위기이다. 내가 의견이라도 말할라치면 "저 여자는 왜 쓸데없는 말을 하고 그래?"라고 눈치를 준다. 회의는 "이러이러한 방향으로 가겠다"고 보고한 후에 "이의가 없으면 박수로 승인해달라"는 말로 마무리된다. 형식상 회의를 안 할 수는 없으니 소집만 하는 것이다. 관례에 따라 진행되는 것도 있지만 새로 추진하는 일도 핵심 구성원들끼리 노선을 정하기 때문이다.

일본 사람은 금전관계에 철저하다. 연인관계에서도 그렇고 부모 자식 간에도 마찬가지이다. 단돈 1엔일지라도 똑같이 나누어 부담한다. 일본인은 자기 것만 내는 것에 익숙하다. 밥을 산다고 약속을 한 경우가 아니라면 자기가 먹은 것만 계산하고, 술자리라면 똑같이 나누어서 낸다. 나누어지지 않는 금액이 나오면 불공평하다는 불만이 나오지 않도록 최대한 신경 쓴다. 100엔 혹은 50엔을 각줄하기도 한다. 어떤 모임에서든 발생하는 비용은 구성원 모두 공평하게 부담해야 한다는 것이 일본 사람의 생각이다. 한국이라면 리더 한 명이 "내가 낼게"하고 금방 해결되겠지만 이들은 그것을 용납하지 않는다. 이러한 성향은 일본인들이 남에게 비난받는 것을 싫어하기 때문이다. 이들은 신세지는 것도 싫어하고 피해받는 것도 싫어한다.

당신이 만약 일본의 평범한 회사원과 결혼한다면 남편 술값으로 가계가 위태로워질 일은 없을 것이다. 술 마시러 가서 "내가 쏜다"고 말하는 남자들은 특별한 보너스를 받았거나 부수입이 없는 이상 거의 없다. 술자리에서도 똑같이 나누어서 지불한다. 대신 일본 남자들은 아내 친구들과 만날 때도 "내가 낼께"라는 말을 하지 못한다. 그가 남자답게 처신해주길 바란다면 모임에 가기 전에 밥값이든 술값이든 미리 쥐어주고 계산해달라고 말하자. 처음에는 일본인 남편이 쩨쩨하게 보일지도 모르겠지만 앞으로의 결혼생활을 생각하면 좋은 점이다. 밖에서 폼 잡으려고 돈을 펑펑 쓰는 남자가 가계에 도움이 될 리 없으니 말이다.

반면 일본에는 '도와주고 도움받고(持ちつ持たれつ)', '곤궁에 처했을 때는 서로 마찬가지(困ったときはお互いさま)'라는 말이 있다. 어쩌면 옛날 일본은 인정이 넘치는 나라였을지도 모른다. 경제성장기를 거치면서 이해득실을 따지는 쪽으로 변해온 것 같다. 지진과 같은 각종 심각한 재난이 발생하면 이 문화가 빛을 발한다. 피해를 당한 사람들은 잘 참고, 여유가 있는 사람들은 그들을 물심양면으로 돕는다. 이런 의식이 있어서일까? 일본에는 한국보다 자원봉사 활동이 더 활발하다.

일본에서 살다 보면 한국인 정서와 맞지 않는 일이 종종 발생한다. 그러나 일본 사회와 일본인 의식 저변에 깔려 있는 기본 정서가 철저

한 실용주의와 개인주의라고 생각하고 보면 그리 당황할 일도 아니다. 살다 보면 어느 순간 편해질 때가 올 것이다. 마냥 깍쟁이 같은 일본 사람들도 막상 사귀어보면 정을 나누고 싶어하는 평범한 사람인 경우가 많다. 이들 역시 마음을 나눌 친구가 없어서 외로워하기도 한다. 외국인인 나만 외로운 것이 아니다.

그러니 억지로 일본 사람에게 맞출 필요도 없고 밀어낼 필요도 없다. 대화가 통한다 싶으면 친하게 지내고 '이게 아닌데' 싶으면 거리를 두면서 인간관계를 조절해나가면 된다. 인간관계도 강물처럼 자연스럽게 흘러가도록 내버려두기를 바란다.

나는 '지는 것이 이기는 것'이라는 말을 좋아한다. 당장 지는 것처럼 보여도 내가 의식적으로 양보한 것이라면 자존심 상할 일도 없다. 언젠가는 주변 사람들이 나의 가치를 알아줄 것이니 당장 손해보는 것 같더라도 긴 안목으로 여유를 갖고 일본생활을 즐기기 바란다.

외국에 왔다고 '손님'으로 있지 말라

내가 20여 년간 일본에 살면서 느낀 바에 따르면 일본인들에게는 있고 외국인에게는 없는 권리는 선거권 단 하나 뿐이다. 국민연금과 건강보험도 적정 절차를 밟아 신청하고 정해진 기간 동안 보험료를 지불하면 일본인과 똑같은 혜택을 받을 수 있다. 남편이 회사원이라면 후생연금 배우자란에 올라 있을 것이고 자영업자라면 국민연금에 가입해 매달 연금을 납부하면 될 것이다. 나는 남편 배우자로 등록되었다가 자막번역가로 일하면서 부양가족에서 빠져서 지금은 국민연금에 등록되어 있다. 선거권은 일본이 국적인 사람에게만 부여된다. 이 점은 한국도 마찬가지이다.

일본에서 살면서 한국 사람이라는 이유로 제약받은 기억은 거의 없다. 한국에서 살고 있는 외국인보다 편하게 살고 있는지도 모른다. 2014년부터 영주권자는 '재입국허가'를 받지 않더라도 입출국이 가능하다. 한국으로 오고가는 것이 더 쉬워졌다.

일본에서 살게 되었다면 우선 내가 '손님'이라는 생각에서 벗어나자. 아이들이 유치원이나 초등학교에 입학하면 적극적으로 PTA 활동을 하자. '이런 일은 일본 사람들이 알아서 하겠지'라거나 '외국인인 내가 앞장서서 뭐 하겠어'라는 생각은 일단 접어두자. 내 아이들을 위해서 엄마들 모임에도 참석하고, 선생님과도 적극적으로 사귀자. 이 활동이 앞으로 내 아이들이 살아갈 일본을 조금이라도 좋은 방향으로 이끌어갈 수 있는 계기가 될 것이다. 특히 학부모회에 좋은 바람을 불어넣을 수 있다면 그보다 더 좋은 공헌은 없다.

처음으로 일본 초등학교에서 PTA 임원으로 활동하게 되었을 때 이런 인사말을 했다.

"저는 한국인입니다. 여러분에게 불편을 끼쳐드릴지도 모르겠지만 뭔가 도울 일이 있을 거라는 마음으로 이 일을 맡았습니다. 어떤 일이든 시켜주십시오."

마지막으로 농담 한 마디도 잊지 않았다.

"저는 음흉한 사람입니다. 임원을 맡은 건 어디까지나 제 아들을 위해서입니다."

다행히 이 농담은 일본인에게도 받아들여졌다. 회의장은 웃음소리로 가득했다. 박수를 치면서 환하게 웃던 선생님 얼굴이 아직도 생생하게 떠오른다. 벌써 10여 년 전 이야기이므로 내 일본어 실력이 외국인이라는 티가 나는 시기였다. 그러나 내가 한국인이라는 것에 이의를 제기하거나 눈치를 주는 사람은 없었다. 오히려 환대를 받았다. 이들에게 중요한 것은 학부모로서 아이들을 위해 협력할 마음이 있느냐 없느냐 그것뿐이었다.

당신이 일본에서 살기로 결심했다면 일본이 어떤 나라인가를 피부로 느끼면서 익혀나가자. 그렇다고 마냥 참을 필요는 없다. 일본에 대해 배워가면서 일본을 이해하고 주변 사람들에게 한국인인 나를 이해할 기회를 주면 되는 것이다.

일본 각 지역 문화센터에서는 다양한 강좌가 활발하게 진행된다. 저렴한 회비로 어학에서 문화까지 다양한 분야를 배울 수 있으니 적극적으로 이용하자. 신선한 만남에 대한 기대를 해도 좋다. 나는 요즘 글쓰기(文章講座)강좌에 다니고 있다. 구성원은 모두 60대부터 80대까지의 언니들로 50대인 내가 막내다. 아직 함께 차를 마시거나 따로 만남을 가져본 적은 없지만 모두 인생선배로서 배울 점이 많고 다정한 분들이다. 이들에게도 한국인인 내 존재가 신선한 모양이다. 좀 거창한 표현을 쓴다면 이렇게 국제교류가 시작된다.

일본에는 봉사단체도 많다. 아이들이 어느 정도 자라서 시간여유가 생기거든 봉사활동을 해보는 것도 좋다. 각 자치단체마다 정보지를 발행하고 있으니 참고하면 도움이 될 것이다. 흥미가 있는 활동이 있으면 적극적으로 참가하여 일본사회로 뛰어들자. 봉사활동은 어디까지나 봉사이므로 시간 여유가 있을 때 하면 된다. 정기적으로 나가지 못한다고 해서 위축될 필요도 없다. 일본 봉사단체들은 '가늘고 긴' 활동을 바란다. 무리하지 말 것을 당부할 정도다.

일본에서 살기로 결정했다면 더 이상 손님이 아닌 주인으로 살겠다는 의식을 갖기 바란다. 일본사회에 완벽히 스며들어 내 삶을 주체적으로 살다 보면 아이들이 모두 성장하여 독립하더라도 허무하거나 외로워지는 일은 없을 것이다. 나는 한국으로 영주 귀국할 생각은 없다. 여기에 가족이 있고 소중한 친구들이 있기 때문이다. 노후 바람이 있다면 한국과 일본을 자유로이 왕래하며 사는 것이다.

일본 결혼식 이야기

　　　　　　일본 결혼식 문화는 한국과 많이 다르다. 한국 결혼식은 한 사람이라도 더 많이 와서 축하해주길 바라고, 청첩장을 받지 않았더라도 소식을 들으면 찾아가는 것이 예의이다. 그에 비해 일본 결혼식은 초대장을 받고 참석할 수 있다는 답장을 보낸 사람만이 갈 수 있다.
　결혼식이 끝나면 하객 모두가 참가하는 피로연이 이어진다. 신랑 신부는 어떻게 하면 하객들을 감동시키는 결혼식이 될 수 있을지 아이디어를 동원해서 프로그램을 준비한다. 신랑이 신부에게, 신부가 신랑에게 혹은 친구들이 신랑 신부에게 깜짝 선물을 준비하는 경우도 있다. 이 피로연까지를 통틀어 결혼식이라고 한다.

피로연 음식은 보통 코스 요리로 준비한다. 하객이 앉을 자리에는 이름표가 놓여있다. 한국에서처럼 별생각 없이 결혼식장을 찾아갔다가는 어찌어찌 결혼식에는 참석할 수 있을지 모르나, 피로연에는 참석할 수 없다. 그야말로 물 한잔 얻어먹지 못하고 돌아오게 될 지도 모른다. 조금씩 자리를 좁혀서 숟가락 하나만 얹으면 되는 피로연이 아니기 때문이다.

1994년 내 결혼식 때의 일화이다. 혼자 참석할 줄 알았던 한국인 아줌마가 아저씨를 모시고 왔다. 온다고 연락한 사람만이 참석할 수 있다는 걸 몰랐던 것이다. 그냥 돌려보낼 수는 없고 누군가 식사를 양보해줄 사람을 찾아야만 했다. 그때 친구가 선뜻 자리를 양보해주어서 무사히 피로연을 진행할 수 있었다. 한국과 일본의 결혼식 문화 차이가 여실히 드러난 일이었다.

일본에는 혼수와 예단을 마련하는 풍습이 없다. 한국처럼 신랑은 집을 마련하고 신부는 살림살이를 준비해야 한다는 의식도 없다. 신랑 신부가 의논해서 필요한 것들만 준비하면 된다. 나는 결혼 후에 시댁으로 들어가서 살았기 때문에 가구나 식기를 따로 마련할 필요가 없었다. 한국에서 준비한 것은 우리 부부의 이불과 커튼뿐이었다.

2012년에 결혼한 여동생은 두 사람 모두 자취를 했기 때문에 집 평수만 늘려서 이사를 갔다. 전자제품이나 식기류는 자취할 때 썼던 것을 그대로 썼다. 집을 장만한 후에 그에 맞는 가구를 들이겠다는 생각이었다. 1년 뒤 주택자금을 융자받아 집을 사서 이사를 갈 때도 마음먹고 준비한 건 쓸 만한 소파가 전부였다. 형편껏 조금씩 살림을 불려 나가면 그만이다.

결혼식 비용 역시 기본적으로 신랑 신부가 함께 마련한다. 결혼을 약속한 연인들은 결혼식 비용을 마련하기 위해 적금을 들기도 한다. 직장인이 부모에게 손을 벌리는 경우는 드물다. 가끔 부모가 체면 때문에 성대한 결혼식을 치르는 경우도 있지만 요즘은 가족들만 참석하는 조촐한 결혼식이 유행이다. 신혼여행을 겸해서 하와이나 괌 등 휴양지에서 하는 '해외 결혼식'도 있다. 양가 가족들 모두 동행하기도 하고 신랑 신부만 가서 식을 올리고 오기도 한다.

결혼식 비용은 어떤 식을 치르느냐에 따라 달라진다. 국제결혼은 하객이 적은 경우가 많으므로 피로연 인원을 30명 정도로 맞출 수도 있다. 단순히 결혼식 비용만 따지자면 60만 엔에서 100만 엔 정도면 섭섭지 않은 결혼식을 치를 수 있다. 한국에서는 하객 수가 적으면 초라해 보일 수 있지만 일본 결혼식은 하객이 없어도 충분히 우아한 결혼식을 올릴 수 있는 상품들이 많으니 여러 가지를 비교해서 고르도록 하자.

　국제결혼이라면 한국에서 가족을 불러야 하기 때문에 추가로 항공비과 숙박비가 필요하다. 대신 한국처럼 혼수와 예단이 없으므로 큰 부담은 되지 않을 것이다. 하객이 60명일 경우 100만 엔에서 250만 엔 정도면 적당하다. 여기서 문제는 비용에 맞추느냐 신랑 신부의 취향에 맞추느냐이다. 대부분 신부의 로망에 따라 결혼식비용이 높아진다. 축의금이 들어올 터이니 예산을 짤 때 참고하면서 계획을 짜는 것이 좋다.

　축의금은 기본적으로 홀수 금액으로 한다. 시세는 이러하다. 친구와 동료는 3만 엔 정도, 친척들은 5만 엔에서 10만 엔이 보통이다. 만약 2만 엔이라년 1만 엔과 5천 엔 두 장을 준비해서 3장을 넣는 것이 좋다. 일본인들은 1만 엔짜리 두 장이 딱 둘로 나누어져 이혼을 연상하게 한다는 이유로 꺼린다. 6만 엔 역시 같은 의미에서 피하는 게 좋다. 4만 엔은 죽을 '사(死)'를, 9만 엔은 고생한다는 뜻의 '고(苦, 일본어 발음으로 '구')'를 연상하게 하므로 피하도록 하자. 단 짝수 중에 8만 엔은 '점점 퍼져나간다(末広がり)'는 의미이므로 축의금에 넣어도 좋다.

　일본 결혼식에는 '주례'라는 개념이 없다. 대신 '나코우도(仲人)'라고 불리는 중매인이 있다. 중매인은 꼭 부부여야 하며 결혼의 증인이 된다. 한국 주례처럼 축사를 해야 할 필요는 없다. 부모를 대신하여 신랑 신부를 돌보는 역할을 한다.

일본 결혼식 형태는 전통적인 신전결혼식(神前結婚式)과 교회나 성당에서 올리는 교회결혼식(敎會結婚式)이 일반적이다. 절에서 올리는 불전결혼식(佛前結婚式)과 최근에는 보기 드문 자택결혼식(自宅結婚式)도 있다. 요즘 하객들에게 결혼을 선언하고 하객들이 결혼의 증인이 되는 인전결혼식(人前結婚式)이 유행하고 있다. 내 여동생도 인전결혼식을 올렸다. 양가 가족과 친척이 모인 가운데 신랑 신부가 동시 입장을 하면서 결혼식이 진행됐다. 양가 친척 얼굴을 가까이에서 볼 수 있는 아담하고 화기애애한 결혼식이었다. 내가 참석한 결혼식 중에서 가장 인상 깊었던 결혼식이다.

일본 결혼식의 하이라이트는 신부가 부모님에게 올리는 편지가 아닐까싶다. "지금까지 키워주셔서 고맙습니다. 결혼해서 집을 떠나지만 나는 언제까지나 엄마 아빠의 딸입니다"라고 편지를 읽으면 결혼식장은 눈물바다가 된다. 나 또한 편지를 읽으면서 많은 눈물을 흘렸다. 양가 부모님에게 꽃다발을 선물하고 신랑 혹은 신랑 아버지의 인사말로 결혼식이 마무리된다.

일본 결혼식은 일종의 이벤트로서 시작과 끝이 확실하다. 결혼식에는 3~4시간이 소요된다. 한국과 달리 일본 결혼식은 신랑 신부를 주축으로 준비해나간다. 부모 역할은 넉넉한 축의금을 준비하는 정도이다.

TIP_ 온짱의 일본 살이
결혼식과 장례식에는 어떤 옷을 입어야 할까?

일본은 관혼상제에 참석할 때 복장규정이 엄격한 편이다. 결혼식이나 장례식에 참석할 일이 있다면 그 자리의 성격에 따라 반드시 격식에 맞는 옷차림을 갖추도록 하자.

남자의 옷차림
남자의 경우는 간편하다. 결혼식이든 장례식이든 관혼상제용 예복(礼服) 한 벌만 있으면 평생 입을 수가 있다. 살만 찌지 않는다면 말이다. 유행을 타지 않는 디자인이기 때문이다. 단, 넥타이는 두 종류가 필요하다. 결혼식용은 은색이나 흰색, 장례식용은 광택이 없는 검정색이 좋다. 와이셔츠는 흰색이어야 한다. 남자들은 사회생활을 시작하면서 예복을 마련하는 것이 보통인데 늦더라도 결혼을 할 무렵에는 마련하는 것이 좋다.

여자의 옷차림
여자의 경우에는 결혼식과 장례식 복장이 완벽히 구분된다. 결혼식에는 화사한 복장을 입고 장례식에는 '모후쿠(喪服)'라고 하는 검은색 예복을 입는다. 여자들 역시 결혼할 때 마련하는 것이 일반적이다. 예복이 없는 경우에는 검은색 정장을 입어도 되지만 부모상을 치를 때는 반드시 예복을 입어야 한다. 한국처럼 장례식 때만 입어야 하는 상복은 없다. 대신 장례식용 예복이 있다. 기모노에도 장례식용이 따로 있다. 옛날 결혼식 혼수품에는 모후쿠가 포함되어 있었다고 한다.

결혼식 옷차림에서 주의할 점

결혼식에 참석할 때 절대 해서는 안 되는 일은 바로 신랑 신부보다 눈에 띄는 옷차림을 하는 것이다. 남자의 경우에는 위에서 말한 예복이나, 검은색 양복과 흰색 셔츠에 반드시 은색이나 흰색 넥타이를 매야 한다. 검정색 넥타이는 아무리 멋있는 디자인이어도 장례식을 연상할 수 있으므로 피해야 한다.

여자는 파티용 드레스나 기모노 혹은 화사한 옷을 입는 것이 가장 무난하다. 기모노라면 큰 문제는 없겠지만 드레스를 입을 경우에는 노출이 심하지 않도록 신경 쓰자. 또 상하 모두 흰색으로 입는 것도 삼가자. 신부의 웨딩드레스와 겹치기 때문이다.

신혼 시절, 친척 결혼식에 시어머니가 젊었을 때에 입었던 기모노를 빌려 입고 참석했다. 남편 친구 결혼식에는 한복을 입었다. 당시 큰아들이 세 살이었는데 한국 돌복이 딱 맞을 정도로 키가 커서 한복을 입혔다. 남편은 결혼 전부터 갖고 있던 예복을 입었다. 일본에서 한복을 입었으니 신랑 신부보다 주목을 받으면 어쩌나 걱정할 수도 있는데, 한복은 전통의상이라 괜찮다. 남편 친구 부부 역시 감사하다는 인사를 전해왔다.

결혼식 옷차림보다 신경 써야 할 장례식 옷차림

장례식은 더 조심스럽다. 학생이라 할지라도 실례가 없도록 해야 한다. 어리다고 용서되는 나이는 유치원생 정도이다. 어린아이라도 검정이나 청색, 회색 등 최대한 실례가 되지 않는 복장을 입힌다. 가능하면 신발도 화려한 장식이 없는 검은색이 좋다.

작은아들이 초등학교 6학년 때 같은 반 친구를 잃었다. 장례식에 참석할 때 실례가 되지 않도록 하기 위해 온 집안을 뒤져 검은색 옷을 찾아냈다. 나는 쭉

신사에서 진행되는 일본 전통 혼례식 모습   결혼식 하객의 복장

검정색 정장과 원피스로 버텼는데, 시집 친척들 상을 치르는 일이 많아져서 모후쿠를 마련했다.

　몇 해 전 한국 연예인 장례식에 평상복을 입고 온 남자 연예인을 보고 깜짝 놀랐다. 한국에서 나고 자란 나도 일본 장례식장 분위기에 익숙해져서 평상복 차림으로 조문하는 것을 큰 실례라고 생각한 것이다. 그러니 만약 갑자기 소식을 들어서 조문을 가게 되었다 하더라도 최소한 색깔 있는 넥타이는 풀고 가도록 하자. 화려한 색깔의 양복을 입고 있다면 갈아입고 갈 것을 권한다. 반짝이는 액세서리는 모두 빼야 한다. 조문할 때 착용해도 되는 액세서리는 진주 정도이다. 진주 역시 금색이 가공된 것은 안 된다. 그리고 검은색이라 해도 반짝이는 장식이 달린 가방과 신발도 안 된다.

　마침 내일 친척 고별식이 있어서 시아버지가 예복을 준비하고 있다. 검은색 예복에 흰색 셔츠, 넥타이와 구두, 양말은 모두 검은색이다. 마련한지 30년은 족히 되었을 예복은 유행을 타지 않기 때문에 초라해 보이지 않는다. 조문이 끝나면 드라이클리닝을 해서 보관하므로 낡아보이지도 않는다. 이처럼 장례식용 예복은 체형이 변하지 않는 한 평생 입을 수 있다.

　당신이 일본인과 결혼해서 일본에서 살게 되었다면 이러한 일본 풍습을 하나하나 익혀나가길 바란다. 시간이 흘러 언젠가는 집안일 모두를 남편과 함께 결정해야 할 날이 온다. 점차 아내가 결정해야 할 일이 더 많아질 것이다. 나중에 당황하는 일이 없도록 기회가 있을 때마다 경험을 쌓자.

시부모와 함께 살 것인가, 분가할 것인가

결론부터 말하자면 분가를 권한다. 건강한 시부모와 젊은 부부의 동거는 힘들 수밖에 없다. 넓은 집에서 사생활이 완벽하게 보장되는 상황이라면 또 모를까 평범한 서민들이 사는 주택에서 시부모와 자식 부부가 함께 살다보면 고부관계만 나빠질 것이다.

요즘 시부모는 대부분 젊다. 자식과 함께 살아야 안심이 될 정도로

늙지 않았다. 신체 건강한 두 부부가 한집에서 살아야 할 이유가 없지 않은가. 홀어머니나 홀아버지여도 사정은 마찬가지다. 건강한 몸을 갖고 있다면 따로 살면서 각자 인생을 살아가야 한다. 정년퇴직을 한 부모라 하더라도 아직 팔팔하다. 그들은 노인 생활로 들어서기에는 너무 건강하다. 젊은 부부들은 대개 맞벌이를 한다. 일하고 애 키우기도 힘든 세상에 건강한 부모 수발까지 든다는 건 말이 안 된다.

또한 일본에서는 시어머니가 요리와 청소, 세탁 심지어는 자녀교육에까지 간섭하는 경우가 많다. 일본인들끼리도 말이다. 한국에서 자란 우리가 남편과 문화적 차이를 좁혀 가기도 바쁜데 시부모 사고방식까지 신경 쓸 여유는 없다.

나는 결혼 초부터 지금까지 20년 넘게 시부모와 함께 살고 있다. 지금까지는 도움을 더 많이 받았다. 그러나 두 분 모두 여든이 넘은 고령이시라 앞으로 돌봐드려야 하는 시기가 다가오고 있다. 시부모와 같이 살아서 나쁜 점만 있는 것은 아니다. 하지만 대부분 참아야 하는 쪽은 며느리다. 남편은 큰 영향을 받지 않는다. 오히려 어렸을 때부터 살아온 가족 속에 사랑하는 아내가 들어왔으니 천국일 것이다. 단, 고부갈등이 시작되면 지옥을 맛보게 되겠지만 말이다.

남자들도 결혼 후 부모와 동거를 할 때는 각오부터 해야 한다. 친절하기만 했던 어머니 눈빛이 매서워지고 예쁘게만 보였던 여자 친구가 결혼 후에는 180도 달라질 수 있다. 20년 넘게 시부모와 살아본 입장에서 말하자면 가능한 한 독립하기를 바란다. 이는 부모와 자식 모두를 위해서 하는 말이다. 같이 사는 것은 나중에 부모님 건강이 나빠지거나 연세가 많으셔서 도움이 필요할 때 하면 된다.

한국인 며느리라도 아들과 결혼해준 것에 감사하는 일본인 시어머니도 많다. 그런 시어머니들은 조금이라도 도움을 주기 위해 한글과 한국 요리를 배우러 다닌다. 어디까지나 한국인 며느리를 이해하기 위해서 말이다. 이러한 경우에도 문제는 생긴다. 며느리 쪽이 귀찮아하면 고민의 불씨만 될 뿐이다. 안타깝지만 서로 마음이 겉도는 것이다. 며느리 입장에서는 그냥 놔뒀으면 좋겠는데 시어머니가 자꾸 이것저것 물어 와서 스트레스를 받는다.

어쩌면 가장 좋은 경우는 일체 간섭을 하지 않는 시부모일지도 모른다. 이들은 딱히 도와주지도 않지만 간섭도 하지 않는다. 도움을 받게 되면 간섭도 받게 되니 각오를 하자. 대놓고 말하는 시부모도 있다. '경제적으로 지원을 하면 간섭도 하겠다'고 말이다. 세상에 공짜란 없으니 당연한 이치인지도 모른다.

자유롭게 살고 싶다면 더더욱 독립하는 수밖에 없다. 아무리 좋은 시부모라도 같이 살다 보면 이것저것 문제가 생긴다. 내 부모와도 생각이 맞지 않아 싸울 때가 있는데 타인이라면 더 심할 수밖에 없다. 다만 서로 참고 견디고 있을 뿐이다. 며느리만이 아니라 시부모도 참고 있다는 걸 잊지 말자.

만약 일본인과 결혼해서 시부모와 같이 살게 되었다면 시부모가 건강하게 움직일 수 있는 동안에는 본인 일을 알아서 하도록 정해두는 것이 좋다. 사람은 할 일이 있어야 운동도 되고 치매에 걸릴 확률도 낮아진다고 한다. 한국에서 자란 사람은 버릇없는 며느리라고 할지 모르겠으나, 이것이 요즘 일본인 며느리들의 일반적인 생각이니 미리 걱정할 필요 없다.

일본 사람들은 일단 약속하면 반드시 지키려고 한다. 그러나 며느리가 계속 해주기만 하면 손가락 하나 까닥 않는다. 알아서 융통성 있게 움직이는 일본인은 드무니, 애초에 기대하지 않는 것이 좋다. 우리 시부모님은 지금도 식사와 청소, 빨래를 각자 해결하신다. 나는 지금까지 네 번이나 저녁을 차려드리겠다고 제안했다. 시어머니는 해주길 바라는데 시아버지가 거부히는 모양이다. 결과석으로 나는 편해서 좋다. 하지만 한편으로는 며느리로서 마음이 불편한 것이 사실이다. 그러나 일본인 친구들에게 상담한 결과, '시부모가 먼저 해달라고 할 때까지 놔두라'는 답을 들었다. 유일하게 '할 일'이니 간섭하지 말라고 덧붙이기까지 했다.

만약 시부모와 동거하기 위해 신축을 계획하고 있거나 이사계획이 있다면 최소한 주방은 따로 마련할 것을 강력하게 권한다. 일본에서는 결혼한 자식과 같이 살 경우 '2세대주택'이 보편적이다. 또한 완벽한 2세대 주택은 현관부터 모든 것이 분리되어 있다.

　마지막으로 시부모와 동거했을 때의 장점도 들어보자.
　첫째, 집세가 들지 않는다. 젊은 부부가 처음부터 자기 집을 갖고 시작할 수는 없다. 한국처럼 결혼하는 아들에게 집을 사줬다는 소리는 들어본 적이 없다. 부모가 부자라면 예외도 있겠지만 이 책에서 다루는 것은 어디까지나 평범한 서민들 모습이므로 부잣집 이야기는 제쳐두자. 집세가 들지 않으니 그 돈으로 저축을 할 수 있고 아이들 교육에 더 투자할 수가 있다.
　둘째, 아이들 맡길 곳을 고민하지 않아도 된다. 초등학교 3학년 정도까지는 집에 아이 혼자 두기가 불안하다. 이럴 때 시부모와 동거 중이라면 맡기기가 쉽다. 단, 종일 애를 봐주겠다는 시부모는 거의 없다. 풀타임으로 일을 해야 한다면 보육원에 보내는 편이 낫다. 보육원이 모자라서 사회문제가 되고 있기는 하나, 부모가 모두 풀타임으로 일하고 있는 경우에는 우선적으로 대우해주고 있다.

　일본에서는 결혼한 자식 집과의 거리는 '국이 식지 않을 정도의 거리(みそ汁が冷めない距離)가 좋다'고 한다. 적당히 거리를 두면서 자식이 음식을 해서 잠깐 배달할 수 있는 거리, 부모에게 무슨 일이 있을 때 자식들이 금방 달려가 볼 수 있는 거리이다.
　요즘 60~70대는 젊고 활기차게 생활하는 사람이 많아서 하루 종일 집에 붙어있는 사람이 드물다. 그들이 손자 보는 것을 낙으로 삼고 살아갈 리 없다. 물론 우리 시부모님처럼 좀처럼 외출을 안 하는 사람들도 있다. 자신이 처한 상황에서 어떻게 하는 것이 최선인지를 남편과 의논해가면서 대처해가길 바란다.

한국인 며느리를 맞아들이는 일본인 시부모의 마음

〈아주 평범한 재일한국인(ごく普通の 在日韓國人)〉이라는 책을 읽다 보면 재일한국인을 며느리로 받아들이는 일본인 시부모의 심정을 적은 부분이 있다. 1987년에 쓰인 책이지만, 지금과 별 차이가 없다.

그녀의 시어머니는 아들로부터 한국인 여자와 결혼하겠다는 말을 들었을 때, 가장 큰 고민은 '말은 통할까. 어떤 음식을 먹을까'였다고 한다. 같은 일본에 살고 있어서 '재일한국인'이라는 말을 들어보기는 했지만 교류가 없었기 때문이다. 한국인은 한복을 입고 한국 요리만 먹을 것이라는 생각을 갖고 있었다는 것이다. 그래서 반대하는 마음보다는 어떻게 맞이해야 좋을지 몰라서 고민했다고 한다.

그로부터 약 30년이 지난 지금도 음식에 대한 사정은 크게 다르지 않은 것 같다. 2012년에 결혼한 내 여동생의 경우를 보자. 시부모님은 동생이 '미소시루(일본식 된장국)는 끓일 줄 아는지'를 걱정했다고 한다. 일본인에게 미소시루는 일종의 '소울푸드'이다. 그들은 '내 아들이 한국인과 결혼해서 된장국이나 얻어먹고 살 수 있으려나' 하고 걱정했던 것이다. 자식이 외국인과 결혼하겠다고 했을 때 부모 심정은 다 비슷하지 않을까 싶다. 물론 언어에 대한 걱정이 가장 크겠지만 당사자들이 의사소통이 되고 있다면 크게 문제시되지는 않는다.

우리 시부모님의 경우에는 그런 걱정조차도 안했다고 한다. 나는 남편과 결혼을 결심하기 전에 미리 못을 박아두었다. "당신 부모님이 한국인인 나와의 결혼을 반대한다면 나는 결혼하지 않겠다"라고 말이다. 남편을 사랑하지 않아서가 아니라 불안했기 때문이다. 일본 남자와 결혼해서 일본에서 살게 되면 의지할 곳이래야 남편과 그 가족뿐일 텐데, 환영받지 못하는 결혼을 할 자신이 없었다.

다행히 시부모님은 "너희가 잘 살아주기만 하면 된다"고 말했다.

그리고 나는 외동아들인 남편 입장을 생각하여 일본인 시부모와의 동거를 받아들였다.

일본에도 다정한 시어머니가 있다. 5년 전 한국인 며느리를 맞아들인 한 일본인 시어머니는 조금이라도 며느리를 이해하고 싶어 한글 강좌에 나간다. 며느리에게 힘이 되어주고 싶은 마음에 한국 요리도 배우고 있다. 김치 담그기까지 말이다. 며느리가 외국 생활이 외로워서 침울해 있을 때는 어찌하면 좋을지 몰라 고민한다. 그리고 며느리가 한국에 갈 때마다 불안해 한다고 한다. 그대로 돌아오지 않는 게 아닐까 싶어서 말이다.

그에 비해 무관심한 시부모도 있다. 한국에도 며느리를 아껴주는 시부모가 있는가 하면 그렇지 않은 시부모가 있듯이 일본도 마찬가지이다. 그러나 일본에는 제사를 모시는 습관이 없기 때문에 무관심한 시부모라고 해도 크게 문제될 것은 없다. 남편과 같이 행복한 가정을 꾸려 나가면서 내 인생을 살아가면 그만이다.

단, 상대가 재일교포일 때는 제사를 지낼 각오를 해야 한다. 이들은 한국인과 마찬가지로 설과 추석 제사를 모신다. 한국에 살고 있는 사람들 이상으로 격식을 차리는 집도 있다. 한국에서 제사를 지내던 습관이 있어서 큰 어려움은 없을 것이다. 내 경우에는 제사가 없는 것이 이상하고 오히려 섭섭하기까지 했다. 물론 지금은 까마득히 잊고 산다. 그리고 설과 추석 때마다 한국 주부의 비명을 들으면서 '일본인과 결혼하길 잘했을 지도 모른다'는 생각을 종종 한다.

TIP_ 온짱의 일본 살이

오쇼가츠(お正月, 설날)는 자손을 위한 명절, 오봉(お盆, 추석)은 조상을 위한 명절

한국과 마찬가지로 일본에서도 설과 추석에는 국민 대이동이 일어난다. 항공편에서 고속도로까지 대성황을 이룬다. 한편 12월 말부터 1월 초까지는 해외여행 성수기이기도 하다. 긴 연휴를 이용하여 가족여행을 떠나는 것이다. 일본으로 시집온 직후에는 설에 해외여행을 가는 것이 도통 이해되지 않았다. 한국에서는 친척이 모이고 타지에 있는 사람이라도 모두 고향으로 돌아오니 말이다. 일본인들이 정월 연휴에 여행을 즐길 수 있는 것은 제사를 지내는 풍습이 없기 때문이다.

일본의 설 풍습
한국 '설'에 해당하는 일본 '오쇼가츠'는 어디까지나 살아있는 사람을 위한 것이다. 새해한 해 동안 집과 가족을 지켜줄 '신(年神樣, 도시가미사마)'을 맞이한다. 그래서 연말에는 대청소를 하고 현관에는 신(神)이 알아보고 들어올 수 있도록 정월용 장식을 한다. 관공서나 기업도 마찬가지이다. 연말연시 일본에 와본 사람이라면 대나무와 소나무를 메인으로 한 장식을 한 번쯤은 보았을 것이다.

일본에서 오쇼가츠를 지내는 전통은 이러하다. 1월 1일부터 3일까지는 '산가니치(三が日)'라고 하여, 연말에 장만해놓은 음식을 먹으며 느긋하게 시간을 보낸다. 이때는 청소도 하지 말고 물과 불도 쓰지 말아야 하며 돈도 쓰지 않는 게 좋다. 주부도 이때만큼은 쉴 수 있었다고 한다.

요즘 이 풍습을 지키는 집은 거의 없다. 새해 첫날 슈퍼마켓이 영업을 하기

시작한 지 오래고, 24시간 영업하는 편의점이 있어 정월 음식을 대량으로 마련하는 집도 드물다. 백화점을 비롯한 유통업계는 정초부터 장사에 열을 올린다. 불과 물을 쓰면 안 된다는 것도 불가능하다. 오조니(お雜煮, 떡국)를 만들 때도 불을 써야 하며 먹고 난 후에는 설거지를 해야 하니 물도 써야 한다. 주부도 쉴 수 있게 하는 풍습이라고는 하나, 친척들이 모이는 집일 경우에는 음식 만들어 대접하랴 치우랴 술상 준비하랴 한국 며느리 못지않게 일이 많다.

일본 정월하면 떠오르는 것 중 하나가 바로 후쿠부쿠로(福袋, 복주머니)이다. 복주머니란 말에서 연상할 수 있듯 다양하게 구성된 상품을 엄청난 서비스가격으로 제공하기 때문에 그 매력에 끌릴 만도 하다. 일본에서는 후쿠부쿠로를 사는 것을 연례행사로 삼는 사람이 있을 정도로 사회에 정착된 풍습이다.

조상을 기리는 날

한국 추석에 해당하는 '오봉'은 조상을 기리는 날이다. 조상의 영혼이 자손이 사는 집으로 돌아와 가족과 시간을 보내고 다시 돌아간다는 일본 고유 신앙에 유래한 명절이나. 오봉에는 조상 묘를 찾아 성묘를 하는데, 이때 합장을 하는 순서는 혈연관계가 깊은 순으로 한다. 한국 제사에서 혈연관게 순으로 절을 올리는 것과 비슷하다.

오봉이 조상을 기리는 명절이기는 하나 한국처럼 제사를 지내는 풍습이 없기 때문에 각자 일정을 조정하여 성묘를 하면 중요한 일은 모두 끝난다. 풍습대로 하면 오봉이 시작되는 날에는 조상 혼을 마중하는 불(迎え火, 무카에비)를 피우고, 끝나는 날에는 다시 보내는 불(送り火, 오쿠리비)을 지펴 영혼이 가는 길을 밝힌다. 대표적으로 교토에서 열리는 '고잔오쿠리비(五山送り火, 8월16일)'가 있다. 산등성이에 '큰 대(大)'자 모양으로 불을 지피는데 이를 보기 위해 관광객이 몰려든다. 단순한 축제가 아닌 조상 혼을 보내는 의식이므로 조용히 손을 모아 합장을 하는 것이 정석이라고 한다.

4장

한국 여자, 일본 주부되다

내가 일본으로 온 이유

                     일본 남자와 결혼해서 20년 넘게 일본에서 살았다고 하면 사람들은 이런 생각을 한다.

'저 여자는 유학 갔다가 일본 남자를 만나서 결혼했나?'
'아니면 여행 갔다가 로맨틱한 연애라도 했나?'
'그것도 아니면 남편이 한국으로 유학 왔나?'

전부 아니다. 나는 돈을 벌기 위해서 일본으로 왔다. 대학원 진학에 필요한 자금을 모으기 위해서였다. 당시 나는 꿈을 포기하기에는 너무 젊은데다 세상 물정을 너무 몰랐다. 머리가 뛰어난 편도 아니고 집이 부자인 것도 아닌데 무작정 열심히 하다 보면 길이 열릴 줄 알았다. 열정은 사람이 앞뒤 보지 않고 달려들게 하는 힘을 갖고 있다. 그게 어설픈 열정이라 할지라도 말이다. 그 결과 일본에서 남편을 만나 가족을 만들게 되었으니 인생이란 생각보다 더 재미있는 것 같다.

고등학교 입시를 치를 때였다. 가정 형편상 대학에 갈 수 있다는 보장도 없으면서 인문계 고등학교에 진학했다. 외할머니는 내가 상업고등학교를 졸업하여 가계에 도움이 돼주기를 내심 바라는 눈치였지만 모른 척했다. 인문계 고등학교를 졸업하여 대학에 진학하고자 하는 꿈도 있었시만 실업계 고등학교는 성적이 되지 않는 학생들이 가는 곳이라는 편견이 있었다.

고등학교 1학년 때 아버지가 돌아가셨다. 고3이 되자 형편은 더 나빠졌다. 어쩔 수 없이 대학 진학을 포기했다. 외할머니 소개로 국회의원 선거사무실에서 일을 시작했다. 그러다 제주도에 있는 인쇄공업협동조합에서 일했다. 대학 진학을 꿈꾸던 여고생의 초라한 청춘이 시작되었다. 다행히 특별히 어려운 일은 없었다. 초등학생 때 이미 주산을 배운데다 선거사무소에서 일하던 시절에는 타자학원을 다녔기 때문에 간단한 사무를 보는 일은 어렵지 않았다.

어느 정도 일이 익숙해졌을 때 '야간대학'이 있다는 것을 알았다. 요즘이야 각종 매체에서 정보가 넘쳐나지만 30년 전에는 정보가 너무 부족했다. 입시정보라고 해봐야 학교에서 듣는 정도가 전부였다. 야간대학의 존재를 알려준 것도 친구였다. 다시 희망이 생겼다. '야간에 다니는 대학'이라니! 낮에는 학비를 벌고 밤에 대학에 다니면 되는 것이다. 초라한 청춘에 햇살이 비쳤다. 가라앉았던 인생이 다시 물결치기 시작했다. 고등학교를 졸업한 다음 해에 제주대학교 야간대학 행정학과에 들어갔다. 야간대학 존재를 알려준 친구와의 우정은 지금도 이어지고 있다.

대학생이 된 후 비록 야간대학이었지만 나름대로 캠퍼스생활을 즐겼다. 대학에 다니고 있다는 사실만으로 만족했다. 낮에 일하는 것도 크게 힘들지 않았다. 모든 일에 신이 났다. 열심히 공부해서 장학금을 받겠다는 생각보다는 대학생활을 즐기기만 했다. 구체적인 목표가 없어도 대학만 졸업하면 어떻게든 될 거라 생각했다. 행정학과에 다니는 동안 그 흔한 공무원시험 준비조차 하지 않았다.

졸업이 가까워져올 무렵에야 교육행정학을 공부하고 싶다는 생각을 했다. 교육학과 교수님께 조언을 구하면서 나는 다시 한 번 현실의 장벽에 부딪혔다. 석·박사 과정을 밟는 동안 부모님 지원을 받을 수 있느냐는 것이다. 우리 집 형편에 턱도 없는 일이었다. 삼남 이녀 중 장녀인 나는 동생들만 넷이었다. 대학원에 갈 자금을 어떻게 마련할지 고민하기 시작할 때 야간대학 존재를 알려 준 친구가 돌파구를 제시해 주었다. 지금 생각해도 참 고마운 친구다.

"일본에 친척이 있으면 취직자리 좀 알아봐 달라고 해."

그 길로 당장 외할머니에게 달려가 일본에 있는 친척에게 연락해 달라고 부탁했다. 그리고 운 좋게도 친척이 다니는 인쇄소에서 2년간 계약직으로 일할 수 있게 되었다. 딱히 일본이라는 나라를 좋아한 것도 아니지만 거부감이나 적대감도 없었다. 내 꿈을 이루게 해줄 나라였다. 한국에서는 마련할 수 없는 대학원 진학 자금을 벌게 해줄 나라, 나의 일본행은 이렇게 정해졌다. 나는 의사결정이 빠른 편이다. 하고 싶은 일은 어떤 일이든 최악의 상황을 염두에 두고 일단 도전하고 본다. 그러다가 영 아닌 것 같으면 바로 꼬리를 내린다. 생각만큼 악착같은 성격은 아닌 것 같다.

2년 동안 학비를 마련한 나는 서울로 가서 대학원 입학시험을 쳤다. 하지만 보기 좋게 떨어졌다. 제대로 공부를 하지 못했는데 붙을 리가 없었다. 1년만 더 노력해볼까 하는 생각도 들었지만 결국 대학원 진학을 포기했다. '대학원진학이 과연 행복으로 가는 길일까'라는 의문이 들었다. 돈이 많은 것도 아닌데다 어느덧 내 나이는 서른을 향해 가고 있었다.

지금은 아니지만 당시에는 거의 결혼적령기 끝자락이었다. 대학 강사가 된 내 모습과 결혼해서 아이를 둘 정도 낳은 엄마인 나를 떠올려보았다. 아이를 낳고 키우고 싶었던 나는 엄마인 내 모습을 선택했다. 그리고 귀국하는 날이 가까워올 무렵부터 '결혼하자'를 입버릇처럼 달고 살았던 일본인 남자친구를 떠올렸다. 그에게 편지를 썼다. "그 때 프러포즈는 아직 유효하냐"고 말이다

 불행인지 다행인지 그는 여전히 나와의 결혼을 바라고 있었다. 한국에서 약혼식을 하고 일본에서 결혼식을 올렸다. 그리고 2014년, 결혼 20주년을 맞이했다. 대학원 진학을 포기할 때 상상했던 대로 나는 아들 둘을 둔 엄마가 되었다. 단 한 번도 대학원 진학 포기를 후회하거나 일본 남자와 결혼한 일을 후회하지 않았다. 내 아이들의 엄마가 된 것이 진심으로 행복하기 때문이다.

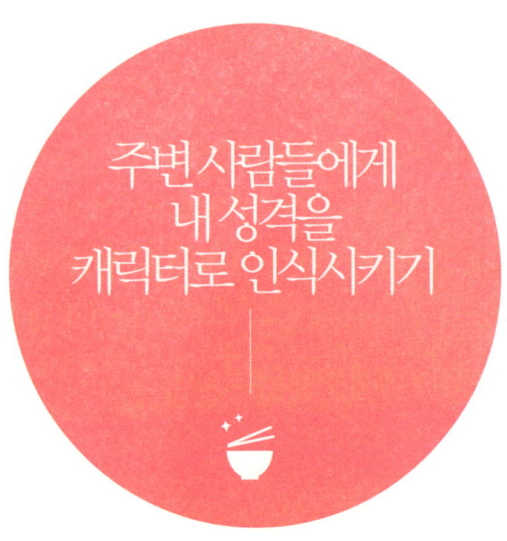

주변 사람들에게 내 성격을 캐릭터로 인식시키기

'캐릭터'라고 해서 가면을 쓰고 '연기'를 하라는 말이 아니다. 있는 그대로의 나를 새로운 가족과 친구, 이웃사람에게 알리라는 것이다. 단, 소나기처럼 쏟아 붓는 게 아니라 봄비처럼 촉촉해야 한다. 내가 일본문화를 알아가는 것도 중요하지만 상대방에게도 한국인인 나의 존재에 적응할 수 있는 기회를 주어야 한다.

이때 상대방에 대한 배려와 예의는 기본이다. 시부모는 내 부모가 아니며 남편 역시 내 형제가 아니다. 새롭게 관계를 구축해나가야 하는 사람들이다. 일본에서 만난 친구들 또한 서로 다른 문화에서 자라온 사람들이다. 그러니 반드시 예의를 갖추고 대하도록 하자. 한국인과 같이 있다고 해서 일본인을 흘깃거리며 흉보는 일은 절대 하지 않기를 바란다. 한국말로 한다고 해도 분위기상 다 알게 되고 요즘에는 한국어를 할 줄 하는 일본인이 꽤 많다. 흉보고 나서 속은 좀 시원할지 몰라도 결국 내 가치가 떨어지고 적을 만드는 일이라는 것을 명심하자.

한국에서도 마찬가지지만 일본 사람들도 타인의 시선을 의식해서 마냥 좋은 사람을 연기하다가 지치는 경우가 있다. 그리고 "내가 얼마나 힘들었는지 아냐?"며 감정을 폭발시킨다. 상대방 입장에서는 마른하늘에 날벼락이다. 싫은 기색을 보이지 않아 괜찮으려니 하고 있었는데 갑자기 화를 내니 어안이 벙벙하다. 좋은 사람을 연기해놓고 상대방 탓을 하는 일 역시 없도록 하자.

나는 일본 친구들로부터 '온짱'이라고 불린다. 아들 유치원과 초등학교 친구들과 내 친구 신랑 몇 사람도 이렇게 부른다. 이 닉네임은 큰아들이 유치원에 다닐 때 생겼다. PTA임원을 맡게 되었을 때다. 일본인들이 내 이름을 정확하게 발음하려면 힘들기 때문에 닉네임을 만들자는 말이 나왔다. 그래서 내 이름 은심(恩心)의 은(恩)을 일

본 발음으로 읽어서 '온(恩)짱'이라고 만들었다. '짱(ちゃん)'은 한국의 '~야'에 해당하는데 친근감을 표현하는 호칭이다.

닉네임은 내가 엄마들 사이로 들어가는 데 큰 역할을 했다. '온짱'이란 닉네임이 나에게 날개를 달아준 것이다. 나는 자유롭게 때로는 고민하면서 '온짱' 캐릭터를 만들어갔다. 의식하고 만든 것이 아니라 세월이 지나보니 저절로 캐릭터는 완성되었다. '궁금한 것은 주저 없이 질문하는 한국 여자', '마음속에 있는 말을 툭 던져도 미워할 수 없는 한국 여자'로 말이다.

운이 좋은 여자였던 나는 아이들이 초등학교에 들어간 후에도 '온짱'이었고, 큰아들이 다니는 고등학교의 엄마들 그룹에서도 '온짱'으로 불리고 있다. 내가 죽은 후에도 아마 그렇게 기억되지 않을까 싶다. 한국 여자 '온짱'으로 말이다.

이 외에도 친구들이 말하는 '온짱'이라는 캐릭터는 속에 있는 말을 툭 뱉어내는 사람, 애정을 담아 직설적인 충고를 하는 사람, 잘 잊어버리는 사람(유치원과 초등학교 담임과의 면담을 몇 번 잊어버렸다), 누구든 웃게 만드는 사람(학부모와 교사들이 나와 이야기를 하면 웃는 얼굴이 된다) 등의 이미지를 갖고 있다.

이러한 반응들은 나 자신을 솔직하게 드러내고 살아온 것이 나쁘지 않았다는 증거라고 생각한다. 속내를 잘 드러내지 않는 일본 사람들이 왜 나를 밀어내지 않고 받아들여 주었을까? 일본인들 역시 이런 만남을 바라고 있었기 때문이다. 이들은 속내를 드러내는 것이 서툴뿐이지 마음을 터놓고 지내고 싶은 심정은 갖고 있다고 생각한다.

또 내가 한국 사람이라 어느 정도 '포기'를 했기 때문이다. 물론 좋은 의미에서의 포기이다. 처음에는 외국인이라 자기 생각을 직설적으로 표현하는 거라고 이해하다가, 서서히 '온짱'은 마음에 있는 말을 솔직히 털어놓는 사람이라고 받아들인 것이다. 물론 지금까지 만난 사람들 모두 친구가 된 것은 아니다. 분명 이런 내 성격이 마음에 들지 않아 멀어져간 사람도 있을 것이다. 모든 사람들이 나를 좋아할 수는 없는 것이므로 그러려니 하는 수밖에 없다.

어느 나라에서나 마찬가지이지만 인간관계의 기본은 솔직함이다. 솔직하라고 해서 자기 주장만을 고집하고 기분 내키는 대로 감정을 표현하라는 말이 아니다. 화를 풀기 위한 독설은 반드시 상대방에게 상처를 주고, 배려하는 마음에서 나오는 말은 모두 정으로 남는다. 성격이 좀 차가울지라도 마음이 따뜻하면 어떻게든 상대방에게 전달된다.

사람은 꼭 말로 하지 않아도 '눈빛'과 '몸짓'으로 대화를 하고 정을 나눌 수 있다. 그래서 말이 통하지 않는 커플의 국제결혼이 가능한 것이다. 보통 사람들의 관계도 마찬가지이다. 일본에는 '눈은 입만큼이나 많은 걸 말한다(目は口ほどにものを言う)'라는 속담이 있다. 상대

방에게 내가 화가 났다는 감정을 표현하고 싶을 때가 아니라면 절대 '차가운 눈'으로 보지 말자.

자, 당신은 어떤 '캐릭터'인가? 미리 고민할 것은 없다. 일단 따뜻한 마음과 눈빛으로 일본인과 사귀어보기를 바란다.

찜통 같은 여름까지 즐기는 일본인

　　　　　　　　일본은 한국과 마찬가지로 사계절이
뚜렷하다. 일본에는 각 계절마다 '마츠리(祭り, 축제)'가 있다. 일본인
에게 이 마츠리는 '삶의 원동력'이다. 1년 내내 마츠리를 쫓아다니는
열렬한 팬이 있을 정도이다. 개인주의가 만연한 일본에서도 마츠리
만큼은 시끌벅적하게 치러진다. 어쩌면 일본인들의 놀라운 단결력
은 신(神)을 섬기고 혼(魂)을 위로하려는 이 마츠리에서 오는 것인지

도 모른다.

　봄에는 씨를 뿌려 풍작을 기원하고 여름에는 역병퇴치와 농산물 피해를 막기 위해서, 또 가을에는 추수에 감사하고 겨울에는 신년을 축하하기 위해 마츠리가 열린다.

　여름 문턱에 들어서는 6월이 되면 전국 각지에서 마츠리가 열린다. 마을 크기에 상관없이 주말이면 마츠리를 알리는 풍악 소리가 들린다. 유치원에서도 캐릭터를 장식한 마츠리 심볼, '미코시(神輿)'를 만들어 아이들이 어깨에 지고 동네를 한 바퀴 돌거나 운동장을 돌며 마츠리를 즐긴다. 그야말로 모두의 축제이다.
　특히 푹푹 찌는 여름에 열리기로 유명한 마츠리로 쿄토(京都)의 '기온마츠리(祇園祭, 7월 1~13일)', 오사카(大阪)의 '텐진마츠리(天神祭, 7월 24~25일)'가 있다. 분지인 쿄토에서 열리는 기온마츠리는 그야말로 찜통 상태가 되는데도 전국 각지에서 관광객이 몰려드는 인기 있는 마츠리 중 하나이다.

　일본에 와서 가장 놀란 일은 전국고교야구선수권대회를 일컫는 '고시엔(甲子園)'이 한여름인 8월에 열린다는 것이다. 6월부터 7월에 걸쳐 고시엔 진출을 목표로 지방예선이 열린다. 그야말로 여름 한 철 동안 야구시합을 하는 것이다. 푹푹 찌는 여름에 고등학생에게 야구를 시키는 어른들이 이해되지 않았다. 아이들이 불쌍하다고까지 생각했다. 그러다가 일본생활 20년 만에야 이것이 뭘 모르는 생각이었음을 알게 되었다.

2014년 큰아들이 다니는 고등학교 야구팀이 고시엔에 진출했다. 준우승을 한 이후 9년만의 쾌거라고 학교 전체가 떠들썩했다. 나는 야구에 관심이 있는 것도 아닌데다 찌는 여름에 외출하는 것이 싫어서 효고겐(兵庫縣)에 있는 한신고시엔구장(阪神甲子園球場)까지 갈 마음이 없었다.

반면 주변 엄마들은 대단했다. 학교에서 마련한 야간버스를 이용하는 것은 말할 것도 없고 비행기와 호텔까지 예약하는 학부모들도 많았다. 그렇게까지 해서 가는 이유를 그들은 '일생에 한 번 있을까 말까하는 행운'이기 때문이라고 했다. 자기 아들이 야구부원이 아닌데도 말이다. 야구부원 엄마를 만나면 고맙다고 인사를 할 정도였다. 그들이 열렬히 응원하는 모습은 나에게는 일종의 문화충격이었다.

2014년 지방예선에는 3천 917개 고교 팀이 출전했다. 그러나 고시엔에 진출하는 팀은 단 49개뿐이다. 이만하면 학부모들이 열광하는 것도 이해가 간다. 2014년 고시엔은 태풍의 영향으로 개막시합이 연기되었다. 하필 아들 학교가 출전할 예정인 시합이었다. 경기가 연기된 것이 마치 나에게 고시엔을 보러 가라고 하는 것만 같은 생각이 들었다. 다른 엄마들과 함께 비행기를 타고 한신고시엔구장으로 향했다. 무엇이 그렇게 일본인들을 열광케 하는지 내 눈으로 확인하고 싶었다.

한신고시엔구장에는 그곳에서만 느낄 수 있는 감동이 있었다. 모두가 흥분하는 곳에 있어서 덩달아 들뜬 것인지는 모르겠다. 관중을 포함한 모든 관계자들이 '고시엔'에 경의를 표하고 있었다. 나도 뜨거운 응원을 보냈음은 말할 것도 없다. 경기 역시 이겼다. 나는 그저 신이 났다. 이긴 팀도 진 팀도 모두 자랑스러웠다. 일본인들이 고시엔을 왜 특별히 여기는지 그제야 의미를 알 것 같았다. 그리고 내 눈에는 고시엔 또한 전 국민이 열광하는 일종의 마츠리로 보였다.

아이들이 어릴 때는 마츠리 옷을 사서 입히고 땀을 흘려가면서 신나게 노는 모습을 보는 것이 즐거웠다. 마츠리 자체보다는 내 아이들을 보는 게 즐거웠다고 표현하는 게 정확할 것이다. 엄마가 한국인이라서 일본 문화를 잘 모른다는 말을 듣게 하고 싶지 않다는 의무감도 있었다. 그래서인지 아이들이 초등학교를 졸업한 후 나는 마츠리에서 점점 멀어졌다.

일본인 중에도 마츠리에 열을 올리는 사람이 있는 반면 시큰둥한 사람도 있다. 결국 개인 취향인 것이다. 푹 빠진 사람들은 미코시(神輿)를 지기 위해 다른 동네로 원정을 가기도 한다. 마츠리에 매료된 외국인들도 많다지만 나는 푹 빠지지는 않았다. 그러면서도 마츠리 옷을 입은 아이들이나 여자들을 보면 한없이 예쁘다. 심지어 마츠리 옷을 입은 여자는 다 미인으로 보인다. 어린아이들은 이루 말할 수 없을 정도로 귀엽다.

기회가 된다면 한 번쯤은 마츠리에 참가해볼 것을 권한다. 나와는 달리 푹 빠져서 푹푹 찌는 여름이 기다려질지도 모른다. 마츠리 동안에는 서로 모르는 사람과도 묘한 연대의식이 생기기도 하니 지역 주민들과 친해질 수 있는 기회가 될 수도 있다. 또한 개인주의 사회임에도 불구하고 뭉칠 때는 똘똘 뭉치는 일본의 저력을 제대로 느낄 수 있을 것이다.

도쿄에서 자전거는 필수아이템

일본에는 '마마차리(ママチャリ)'라고 불리는 자전거가 있다. 내 아이들이 어렸을 때는 의자를 따로 사서 다는 게 일반적이었지만, 요즘에는 처음부터 의자가 달려있고 디자인도 멋진 마마차리들이 등장하고 있다. 일반자전거보다 가격은 비싸지만 더 안전하다. 아이가 앉는 의자 역시 아이를 보호하는 디자인이 대부분이다. 의자가 앞에 달려있는 것과 뒤에 달려있는 것 그리고

앞뒤에 달려있는 것 등 다양하다. 이 의자에는 짐도 실을 수 있어서 엄마 혼자 시장을 볼 때도 유용하게 쓰인다.

일본에 와서 깜짝 놀란 것 중 하나가 바로 엄마들이 자전거 앞뒤 좌석에 아이를 태우고 쌩쌩 달리는 모습이었다. 개 중에는 아이를 등에 업고 있는 엄마도 있었다. 자전거 하나에 네 명이 타고 있는 셈이다. 나는 '절대 저런 위험한 노릇은 안 할 거야'라고 다짐했다.

그로부터 5년 후 나는 자전거 앞뒤에 두 아들을 태우고 공원으로, 학원으로, 수영장으로 달리고 있었다. 학원에 보낼 때 한국에서는 셔틀버스가 있지만 일본에서는 엄마가 학원까지 데려다 줘야 하기 때문에 자전거를 이용하는 것이 훨씬 편리하다. 아이가 초등학교 저학년 때까지는 엄마 손길이 필요하니 말이다. 아이들이 다 큰 지금은 자전거를 탈 일이 없지만 둘째가 초등학교를 졸업할 때까지 말 그대로 생활필수품이었다.

자전거가 필요하다고 느낀 건 큰아들이 유치원에 들어간 지 얼마 되지 않았을 때였다. 한 학기 동안은 아이 손을 잡고 다녔고, 친구들과도 집 근처 작은 공원에서만 놀아서 필요성을 느끼지 못했다. 유치원 여름방학이 지나고 2학기를 맞았다. 아이들이 유치원 생활에 적응하고 나날이 활달해지자 엄마들은 멀리 있는 큰 공원으로 아이들을 데려가고 싶어 했다.

내 나이 34세에 자전거를 배울 결심을 했다. 그날 이후 저녁 식사가 끝나면 자전거를 끌고 나가 연습을 했다. 팔과 어깨에 힘이 들어가 몇 번이나 쓰러졌는지 모른다. 키가 150센티미터밖에 안 되는 나는 작은 자전거를 샀음에도 불구하고 발끝으로 서서 중심을 잡아야만 했다. 내 아이를 위한 일이 아니었으면 일찌감치 포기했을지도 모른다. 그러나 나에게는 이 자전거에 내 아들을 태우고 큰 공원으로 가야 한다는 목표가 있었다. 아들이 친구들과 뛰어노는 시간을 자전거를 타지 못하는 엄마 때문에 포기하게 할 수는 없었다.

수없이 넘어지면서 일주일 정도 연습을 하니 속도만 붙으면 그럭저럭 탈 수 있게 되었다. 속도를 조절하는 일이 특히 어려웠다. 멈출 때 완벽하게 멈추고 나서 다시 출발했다. 열흘 정도 지났을 때부터 슈퍼마켓에 갈 때마다 자전거를 이용했다. 아이를 태우고 가다가 넘어질 수는 없으니 대신 짐을 실어서 연습을 했다. 아이 대신 짐을 싣고 2주 정도 더 연습했다. 이때도 몇 번이나 넘어졌다. 뒷자리가 무거워지니 혼자 탈 때와는 달라서 중심을 잡는 일이 좀 더 어려웠다.

막상 자전거를 이용해보니 편리한 점이 많았다. 무거운 짐이 있어도 힘든 줄을 몰랐다. 한 달 후 나는 큰아들을 뒷좌석에 태우고 공원으로 향하고 있었다. 속도를 내서 달리는 친구들에게 먼저 가 있으라고 말하고 내 페이스대로 자전거를 탔다. 내가 자전거를 타기 시작하면서 엄마들 마음도 가벼워진 듯 했다. 나를 의식하지 않고 공원에 갈 약속을 할 수 있게 됐기 때문이다.

　6개월이 지났을 무렵에는 앞좌석을 달아서 둘째까지 태워 달릴 수 있을 정도가 되었다. 그러나 두 아이를 자전거에 태운 채 넘어진 적도 있다. 다행히 횡단보도여서 별 탈은 없었지만 지금 생각해도 등골이 오싹하다. 그러면서도 자전거를 버릴 수 없었던 것은 이미 자전거의 편리함을 맛보았기 때문이다. 자전거를 타기 전에 항상 마음에 새기는 말이 '걷는 것 보다 빠르니 서두르지 말자'이다. 무사고를 위해 필요한 것은 바로 안전운전이다.

　도쿄에서 산다면 자전거는 생활필수품이다. 도쿄 차도는 기본적으로 좁다. '슈퍼에는 차로 가면 되지'라는 생각은 안이하다. 주차장이 있는 대형마트에는 차로 가면 되지만, 집 근처에서 소소하게 장을 볼 때는 자전거가 있으면 아주 편리하다. 물론 걸어가도 된다. 요즘 나는 운동 삼아 걸어 다닌다. 그러나 어린아이를 데리고 슈퍼마켓에 갈 때나 학원에 있는 아이를 데리러 갔다가 슈퍼마켓에 들르기도 하기 때문에 자전거를 가지고 나가는 편이 여러모로 편하다.

　앞으로 어떤 형태로든 일본에서 생활할 생각이 있다면 미리 자전거 타는 법을 연습해두자. 아주 유용하게 써먹을 수 있을 것이다.

절약은 궁상이 아닌 생활의 지혜

　　　　　　　큰아들 고등학교 졸업 기념으로 친한 엄마들끼리 졸업여행을 가기로 했다. 장소는 가깝기도 하고 경제적으로 큰 부담이 되지 않는 서울로, 멤버는 나를 포함해서 모두 6명이었다. 여행에 익숙한 친구 몇 명이 스마트폰을 이용하여 가능한 한 저렴하고 좋은 상품을 찾기 시작했다. 이 친구들 모두 경제적으로 여유가 있는 편에 속한다. 나는 메일을 읽는 것만으로도 지쳐서 '좀 적당히 하지' 싶은데도 끝까지 비교하고 연구한다. 단순히 싸다는 이유로 선택하지 않는다. 이 호텔을 선택하는 것으로 시간낭비는 없는지, 서비스가 형편없는 것은 아닌지 혹은 이용할 만한 교통편이 불편하지는 않은지 등 철저하게 조사한 후에야 예약을 할 수 있었다. 나라면 길어야 반나절 정도 찾고 예약했을 것이다. 일본인 친구들은 조금이라도 싸고 좋은 상품을 찾기 위해 고군분투한 후 끝내 마음에 쏙 드는 여행상품을 찾아냈다.

여행지에서도 돈을 쓸 가치가 있는지부터 먼저 따진다. 이번 여행에서 친구들은 남대문시장에 푹 빠졌다. 특히 양말과 스카프가 저렴하면서도 품질이 좋다고 인기가 많았다. 일본에서는 저렴한 양말도 보통 3켤레에 1천 엔인데 한국에서는 5켤레, 10켤레에 1천 엔이라니 그걸 놓칠 일본인들이 아니다. 나 역시 남대문시장을 이번처럼 휘젓고 다닌 적이 없었다. 일본인 친구들 덕분에 한국 유명 시장을 제대로 만끽할 수가 있었다.

귀국한 후 귀가길 교통편을 이용하는 일에도 일본인들의 절약정신이 발휘된다. 3박 4일의 여행으로 지칠 대로 지쳐있을 터인데도 어떻게 하면 좀 더 싼 요금으로 갈 수 있을까를 궁리한다. 친구 차로 가까운 역까지 배웅받은 후에 나 같으면 다음에는 택시로 갈 텐데 친구는 마지막 전차가 아직 있으니 전차를 타겠다고 한다. 여기서 다시 한 번 일본인의 절약정신을 볼 수 있었다. 몸이 좀 귀찮다고 택시를 이용하는 일은 이들에게 게으른 것이다. 그야말로 절약하는 습관이 몸에 배어있다.

거품경제가 무너지고 불경기가 이어지면서 한동안 저렴하기만 한 물건이 넘쳐났다. 하지만 품질이 나빴기 때문에 중산층들은 눈길 한 번 주지 않았다. 그러나 몇 해를 거치는 동안 '싸고 좋은 물건'들이 시장에 출시되자 중산층들 역시 주저하지 않고 구입하기 시작했다. 이른바 '100엔숍', '300엔숍' 등이 성황을 이루기 시작했다.

이제는 100엔숍 물건만으로 살림살이 대부분을 장만하는 주부가 있는가 하면, 100엔숍을 똑똑하게 이용하는 법을 소개한 책이 속속들이 출판되었다. 최근 텔레비전 모 프로그램에는 부유한 여자 연예인이 100엔숍 물건으로 집 안을 리폼하는 코너까지 등장하여 인기를 얻고 있다.

일본 사람들은 말 그대로 '1원 한 장'도 소중히 여긴다. 이른바 사사오입해서 대충 정산하려고도 하지 않는다. 쩨쩨해서가 아니다. 돈에 관한 한 철저하고 깔끔한 습관이 몸에 배어 있기 때문이다. 한국에서 나고 자란 나는 20여 년을 일본에서 살고 있지만 아직도 대충 계산하는 버릇을 버리지 못 하고 있다. 습관이 참 무섭다.

물론 경제력을 자랑하는 일본인들도 있다. 부자를 부러워하는 것

은 물론 부자와 결혼한 평범한 여자가 부러움을 사기도 한다. 오죽하면 부자와의 결혼을 칭하는 '다마노코시(玉の腰)결혼'이라는 말이 있겠는가. 이는 '신분이 높거나 부자인 남자와 결혼함으로써 귀인만이 타는 가마를 탈 수 있는 신분을 손에 넣었다'는 의미이다. 반대로 부자인 여자와의 결혼을 '갸쿠타마노코시(逆玉の腰)결혼'이라고 한다. 쉬운 예로 메이저리그에 진출한 야구선수나 사업가와 결혼한 연예인도 '타마노고시'이다.

단지 서민이라는 이유로 일상생활에서 열등감을 느끼는 일은 없다. 어쩌면 부유층은 부유층끼리, 서민은 서민끼리 어울리고 있기 때문인지도 모른다. 중학교 입시를 치르는 것이 대부분 중산층 이상이라고 보면 그때부터 서서히 경제력에 따라 교류의 층이 나누어진다. 주부 입장에서도 경제관념이 다른 사람과는 오래 사귀기가 힘들다. 이 점은 한국에서도 마찬가지가 아닐까 싶다.

부유층 생활이야 서민에게는 꿈같은 일이지만 중산층과 서민이 많은 일본에서 경제적 이유로 열등감을 느끼는 일은 거의 없다. 사이좋은 엄마들끼리는 아이들 옷을 돌려 입히기도 한다. 같은 학년일지라도 키가 큰 아이의 옷을 작은 아이에게 넘겨주는 경우도 있다. 이렇게 얻어 입으면 보답으로 쿠키나 과자 같은 소소한 선물을 한다.

옛날부터 일본은 검소한 생활이 미덕으로 여겨졌다. 부유하다는 이유로 거들먹거리는 것은 품위가 없는 일이다. 또 오랫동안 불경기가 이어지면서 장래에 불안을 느낀 일본인들은 더더욱 절약을 생활화하게 됐다. 2014년 아베노믹스에 따른 엔저현상의 영향으로 대기업의 수익이 높아지고 2020년 도쿄올림픽을 앞두고 있어서 경기가 좋아질 것 같은 분위기에 휩싸여 있기는 하다. 하지만 일본인의 미래에 대한 불안은 여전히 사라지지 않고 있어 씀씀이가 헤퍼질 일도 없을 것 같다.

아마 일본에서 가장 부유한 사람들은 연금을 넉넉히 받는 노인층이 아닐까 싶다. 하지만 돈이 있어도 여유롭게 쓰는 사람은 드물다. 써야 할 곳에 꼭 필요한 만큼만 쓰는 것이 일반적이다. 정부는 노인의 지갑을 열게 하기 위해 '손자의 교육자금'에 대한 비과세정책 등을 마련하고 있지만, 어느 정도 효과가 있을지는 미지수이다. 우리 시아버지 역시 돈을 쓰지 않고 있기 때문이다. 평생 검약하며 살아온 일본인들이 돈을 물 쓰듯이 하는 일은 아마 없지 않을까 싶다.

시댁 주방은 시어머니 영역

　　시댁에 가서 집 안이나 주방을 내 집처럼 썼다가는 열에 아홉은 시어머니 미움을 사게 된다. 그렇다고 손님처럼 가만히 앉아 있으면 '언제까지나 손님인 줄 안다'고 미워한다. 제대로 처신하는 것이 미묘하게 어렵다. "며느리인 제가 할 테니 어머님은 그냥 앉아 계세요"라는 건 한국 시어머니에게나 통하는 말이다. 일본인 시어머니에게 그랬다가는 '남의 집에서 웬 주인행세야?'라고 생각할 것이다.

　시댁을 내 집처럼 휘저으면 안 되는 이유는 간단하다. 시어머니 역시 아들만 오는 거라면 신경을 쓰지 않겠지만 며느리가 함께 집으로 오기 때문에 청소도 하고 지저분한 것은 보이지 않는 데로 숨기기도 하는 등 '손님' 맞을 준비를 한다. 즉, 손님에게 보이고 싶지 않은 방도 있다. 물건이 잡다하게 놓여 있거나 하는 시시콜콜한 이유에서 말이다.

　결혼해서 5~6년 정도 지나서 시어머니와 꽤 친해졌다면 '마음대로 써도 좋다'는 허락부터 받자. 허락을 받았다고 해서 내 집처럼 써도 된다는 말이 아니다. 어디까지나 이곳은 내 집이 아니라 시댁이라는 것을 잊지 말아야 한다. 수납공간이나 서랍에 있는 물건을 꺼낼 때는 시어머니에게 물건을 써도 되는지부터 확인하면 웬만한 트러블은 예방할 수 있다. 알아서 쓰라고 해놓고 왜 불평을 하냐고 할지도 모르겠으나 "알아서 쓰라"는 말의 의미는 밖에 꺼내놓은 물건에 한해서일 경우가 많다. 그러니 시댁 살림을 함부로 건드리지 말고, 필요한 것이 있으면 꼭 물어본 뒤 허락받은 것만 쓰도록 하자.

　특히 주방을 주부의 성역이라고 생각하는 사람은 남이 손대는 것을 싫어한다. 자기 손때가 묻은 살림살이와 그것을 보관하는 장소까지 긴 세월 신경을 모두 쏟아부은 나만의 공간이기 때문이다. 연애를 하는 중이나 신혼에 시댁에 갈 경우에는 시어머니 취향을 몰라 고민이 될 것이다. 시어머니 중에는 며느리가 당연히 도와야 한다고 생각하는 사람이 있고 어디까지나 손님으로 대접하려는 사람도 있다. 첫 방문이라면 아무리 돕고 싶은 마음이 있더라도 두 번 정도만 먼저 돕겠다고 말하자. 그래도 아니라고 거절하면 얌전하게 손님으로 앉아 있는 편이 좋다.

반면 며느리에게 집안일을 모두 맡기는 시어머니도 있다. 내 지인 하나는 결혼과 동시에 주방을 통째로 넘겨받았다고 한다. 그 지인이 어느덧 곧 결혼 당시의 시어머니와 같은 나이가 된다. 그러나 그녀의 며느리 임무는 좀처럼 끝날 것 같지 않다. 대학교 1학년인 아들이 언제 결혼할 지 모르는 데다 요즘 젊은 여자들이 그녀가 살아온 것처럼 살 리도 없다.

만약 시어머니가 집안 살림을 전부 넘기겠다는 말을 한다면 신중히 생각하고 받아들여야 한다. 받아들인 이상 적어도 아침과 저녁 식사는 차려드려야 하기 때문에 시부모가 여행이라도 가지 않는 한 자유는 없다. 여행도 내 마음대로 가지 못 한다. 전업주부로 살 거라면 상관없지만 그렇지 않다면 부디 잘 생각해서 결정하기 바란다. 치사하게 느껴지더라도 하나하나 의논해서 역할 분담을 하도록 하고 제발 며느리라는 이유로 모두 떠안지는 말아라. 절대 무리해서 착한 며느리가 되지 말 것을 당부한다.

시댁 주방이 시어머니의 영역이라면 아들 집 주방은 며느리의 영역이다. 시어머니가 아들 집에 오더라도 손님처럼 있다가 돌아가는 경우가 대부분이다. 내 아들이 산다고 해서 '우리 집'이라고 생각하지 않는다. 아들 집에 가기 전에 미리 연락하는 것은 상식이다. 가끔 불쑥 찾아오는 시어머니가 있다고는 하는데, 일본 상식으로는 연락을 하고 방문하는 것이 예의로 정착되어 있다. 한국처럼 '내 아들집이니 내 집이지'라고 생각하는 시부모는 거의 없다. 아들 집에 온 시어머니가 며느리에게 묻지도 않고 냉장고에 있는 재료로 요리를 하면 일본 며느리들은 대부분 불쾌해 한다. '남의 집에 와서 함부로 냉장고에 있는 것을 썼다'고 말이다. 며느리에게 시어머니는 '남편 어머니'일 뿐이다.

이렇게 보면 한국 고부관계가 인간적으로 보이기도 한다. 나는 한국인 시부모를 모셔본 적이 없어서 잘 모르겠다. 한국이든 일본이든 행복한 시어머니와 며느리는 있을 것이다. 그러나 그 이상으로 서로 불행하다고 넋두리하는 시어머니와 며느리들이 많은 것이 현실이다. 고부관계에서 벌어지는 갈등은 영원한 숙제가 아닐까 싶다.

만약 당신이 일본 남자와 결혼하게 되었다면 한국 며느리들이 하는 '반에 반'만 해보라. 시어머니에게 아주 착한 며느리로 사랑받을 것이다. 시댁에 가면 '손님 반 가족 반'의 마음가짐으로 행동하자. 그 정도만 해도 욕먹는 일은 없을 것이다. 시부모는 내 부모가 아니다.

적당한 거리를 두고 해야 할 본분을 다하면 그만이다. '적당한 거리'를 기억하자. 어쩌면 남보다 더 사귀기 어려운 사람들이 시부모가 아닐까. 타인이야 싫으면 잘라내면 되지만 시부모는 그럴 수 없으니 말이다.

무리해서 착한 며느리가 되려 하지 말라

"무리해서 착한 며느리가 되려하지 말라." 이 말은 한국에 있는 며느리들에게도 꼭 하고 싶은 말이다. 아무리 다짐을 해봐도 그리 간단한 일은 아니다. 사람에게는 남에게 '좋은 사람'이라는 인상을 주고 싶은 습성이 있고, 스스로도 착한 사람이 되고 싶은 욕망이 어딘가에 숨어있기 때문이다. 나 또한 여전히 '착한 척'하는 버릇을 그만두지는 못하고 있다. 그러니 이런 결심을 했다고 해서 자신이 당장 '악녀'가 되면 어쩌지 하는 걱정은 하지 않아도 좋다.

한국과 마찬가지로 일본에서도 며느리의 역할이 중요하다. 한국의 '맏며느리'를 뜻하는 '장남의 며느리(長男の嫁)'라는 말이 있을 정도이다. 장남의 며느리는 그 집안을 이끌어가는 존재이다. 요즘처럼 외동아들이나 형제 수가 적은 경우, 부모에 대한 책임은 저절로 커진다. 그렇다고 해서 한국과 같은 며느리를 바라는 일본인은 없다. 다시 한 번 말하지만 한국 며느리들 반에 반만 해도 '착한 며느리'라는 소리를 들을 것이다. 한국의 일 잘하는 며느리처럼 했다가는 오히려 함부로 나댄다는 인상을 줄 수도 있다. 시댁은 내 집이 아니다. 즉, 손님도 아니지만 주인도 아닌 것이 며느리인 것이다.

일본 며느리들은 시어머니를 '남편의 어머니' 정도로 밖에 생각하지 않는다. 그리고 일본 시부모들 또한 정신적이나 경제적으로 결혼한 자식에게 의지하려 하지 않는다. 부모자식 간이라도 단돈 1엔까지 공평하게 계산한다. 이처럼 부모자식 간에도 개인주의가 스며들어 있다.

결혼 초기만 해도 너무 차갑게 느껴져서 적응이 되지 않았다. 내가 무엇인가 사왔을 때 끝전까지 맞춰서 돌려주려는 것이 은근히 스트레스이기도 했다. 지금은 시어머니도 한국인 며느리에게 익숙해져서인지 내가 거절하면 억지로 돌려주려고 하지 않지만, 잠자코 있으면 1엔 한 장까지 계산해서 돌려준다. 사사오입해서 더 붙여주는 것도 아니고 딱 떨어지게 말이다.

며느리라는 존재는 아무리 잘 해도 시어머니에게 밉보이는 존재라는 생각이 든다. 아들만 둘인 나도 며느리를 밉게 보는 시어머니가 될까봐 걱정이다. 그래서 나는 아들 부부와 같이 살 생각이 없다. 여자는 모두 결혼하기 전에는 '소중한 딸'이었는데 결혼하는 순간부터 '며느리'라는 이름으로 무슨 일이든 참아내는 입장이 된다. 사위가 딸을 위해 주방에 서있는 건 예뻐 죽겠는데, 아들이 며느리를 위해서 주방에 서는 걸 보면 오장육부가 뒤틀린다고 한다. 나는 그런 아들이 더 멋있어 보일 것 같다. 아내보다 먼저 귀가해서 아무것도 하지 않고 밥이 차려져 나올 때만을 기다리는 남자가 되기를 원치 않는다. 먼저 저녁을 차리고 아내를 기다릴 줄 아는 남편이 되었으면 좋겠다.

나는 한국의 '착한 며느리'라는 멍에를 스스로 짊어진 사람이다. 외동아들인 남편의 프러포즈를 받아들일 때도 '부모와 같이 살아도 괜찮겠냐'는 말에 나는 아무 거부감 없이 '외동아들이니 당연한 일'이라고 흔쾌히 받아들였다. 그러나 부모와의 '동거'에 대한 남편과 그 제안을 받아들인 내 생각은 너무 달랐다. 나는 '부모를 모시기 위한 것'이었지만 남편은 '경제적으로 득'이라는 의식이 더 컸다. 분가

해서 집세를 내면서 사는 것보다 부모 집에서 사는 게 편하다는 계산에서 한 제안이었던 것이다. 내가 이것을 깨닫기까지는 꽤 오랜 시간이 걸렸다.

시부모와 함께하는 생활에 익숙해질 때까지 꽤 많은 시간이 걸렸다. 타인과 쉽게 친해지지 않는 일본인 시부모와 누구든 금방 친해지고자 하는 한국인 며느리 사이에서 엇갈리는 감정을 어찌할 도리가 없었다. 시부모와 나 사이에 두꺼운 유리벽이 있는 것 같은 느낌이었다. 한국 같으면 시어머니가 며느리에게 '이래라 저래라' 시키기도 하겠지만, 시어머니는 나의 액션을 기다리는 사람이었다. 아랫사람으로서 어른의 가르침을 기다리는 며느리와 며느리가 어떻게 나올지를 기다리는 시어머니라니, 신혼의 내가 어찌할 도리가 없었다. 시간이 해결해주기를 기다리는 수밖에 없었다. 어쩌면 이런 시어머니여서 20여 년을 같이 살 수 있었는지도 모른다. 사사건건 간섭하고 지시하는 시부모는 애초에 참아낼 자신이 없다.

만약 일본인과 결혼하게 되었다면 혼자 애쓰고 다 알아서 하려하지 말고, 모르는 것은 하나씩 질문하며 배워나갈 것을 권한다. 외국인이기 때문에 '그런 것도 모르냐?'는 책망을 받는 일은 없을 것이다. 결혼 초에 하나하나 확인하면서 배워나가자. 그렇게 3년만 지나면 관혼상제를 포함하여 집안 행사는 어느 정도 파악이 될 것이다. 단, 때로는 거절할 줄 아는 강한 마음도 잊지 말자. 거절하지 않으면 요구는 점점 많아질 것이다. 착한 며느리로 보이는 것보다 더 중요한 것은 남편과 내가 행복하게 사는 일임을 명심하자. 시부모에게 휘둘려 다니는 일이 없도록 처음부터 무리해서 착한 며느리가 되려 하지 말자.

TIP_ 온짱의 일본 살이
일본의 육아복지와 노후복지

2015년 3월, 내가 살고 있는 아라카와구(荒川区)의 육아지원부(子育て支援部)로부터 우편물을 받았다. 둘째 아들이 고등학생 나이가 되었으니 앞으로 '아동수당(兒童手当)' 지급을 중단하겠다는 내용이었다. 아이가 태어나면서부터 만 세 살까지는 1만 5천 엔, 세 살부터 만 15살까지는 1만 엔씩 아동수당이 지급된다. 반드시 구에서 보내오는 서류를 작성해서 신청해야 한다. 부모 수입에 따라 제한이 있기는 하지만 수입이 많다고 해도 매월 5천 엔씩은 지급된다. 셋째부터는 1만 5천 엔으로 금액이 올라간다.

일본의 육아복지 제도

도쿄도(東京都)는 중학교 3학년까지 의료비가 면제된다. 치오다구(千代田区)와 기타구(北区)는 고등학교까지 의료비가 면제된다고 한다. 그러고 보면 기타구에 외국인 주민이 많은 것도 이해가 간다. 아이를 키우는 가정이라면 의료비면제는 큰 장점이 아닐 수 없다. 큰아들이 고등학교로 올라갔을 때도 역시 아동수당과 의료비면제가 중단되었다. 그동안은 아무 부담 없이 병원에 갔는데 앞으로는 어른과 똑같은 비용을 내야 하기 때문에 부담이 되었다. 그래서 아들에게 '감기도 걸리지 말라'고 농담을 했던 기억이 난다.

출산비용은 보통 50만 엔에서 100만 엔 정도 든다. 하지만 크게 걱정하지 않아도 된다. 비용이 적게 드는 병원에서 자연분만으로 출산을 하면 나머지는 보조금으로 충당이 될 터이니 말이다. 그러나 제왕절개 수술을 하거나 개인입원실을 썼을 경우에는 모자랄 수도 있다. 여기서 말하는 보조금이란 건강보험(국민건강보험)으로부터 지급되는 '출산육아일시금(出産育兒一時金)'이다. 물론 가입자에 한해서이다. 아이 한 명당 42만 엔 정도 받을 수 있는데 수령 방법은 두 가지가 있다. 자비로 비용을 지불한 후 출산 후에 신청해서 받는 방법과 출산 전에 신청해서 병원 측이 건강보험조합에 청구하도록 하는 방법이다.

임신을 하면 한 달에 한 번꼴로 정기검진을 받는데 이 금액 또한 만만치 않다. 출산까지 통틀어서 계산해보면 약 10만 엔 정도가 들어간다. 그러나 다행히 정기검진 비용을 지원해주는 구(区)가 늘고 있고, 신청은 산부인과에서 할 수 있으니 안심해도 된다.

그 외에도 구나 보건소에서 실시하는 여러 가지 지원활동들이 있다. 잘 알아보고 가능한 활동에 참가하도록 하자. 일본어를 못하더라도 영어, 한국어, 중국어 등 외국인을 위한 소책자가 준비되어 있으니 활용하기를 바란다. 의문이 생기면 주저하지 말고 담당자에게 질문하여 확인할 것을 권한다. 육아 관련 의문은 대부분 보건소에 상담하면 해결이 된다. 일본어 실력이 부족하다면 자원봉사 통역사를 확보하고 있는 병원이나 보건소도 있으니 문의해보기 바란다. 집을 구할 때에도 이러한 육아지원 정책에 대해서 알아보고 결정하는 것이 현명한 방법이 아닐까 한다. 부모라면 안심하고 내 아이를 키울 수 있는 동네에 살고 싶을 것이다.

일본에서 노후는 어떻게 보낼까?

아이를 다 키우고 나면 어느덧 노후문제를 걱정하는 시기가 다가온다. 2015년 현재 일본은 4명 중 1명이 65세 이상이다. 2050년에는 3명 중 1명으로 늘어나 '초고령화 사회'를 맞이할 것이라고 한다. 그래서인지 일본에서는 노인복지에 대한 논의가 활발하다. 2000년에는 '개호보험제도(介護保険制度)'가 만들어져서, 만 40세부터는 '개호보험료(介護保険料)'가 더해진 의료보험금을 낸다.

여담이지만 처음 고지서를 봤을 때 나는 '올 것이 왔구나. 이제 내가 마흔이구나'라고 웃었던 기억이 난다. 시간이 흘러 연금을 받는 나이가 되면, 연금에서 자동으로 빠져 나간다. 개호보험제도를 이용해서 받을 수 있는 서비스로는 자택방문 도우미서비스(홈헬프서비스)와 복지시설 이용 등이 있다. 단, 사전에 개호보험법(介護保險法)이 정하는 심사를 거쳐서 '지원이 필요하다(要介護認定)'는 인정을 받아야 하고, 등급에 따라서 지원금액도 달라진다.

의료비 부담 역시 연령에 따라 다르다. 69세까지가 30퍼센트, 70~74세까지는 20퍼센트, 75세 이상은 10퍼센트를 부담하고 있다. 부담률을 올려야 한다는 논의가 나오고 있어서 앞으로 어떻게 될지, 나이를 먹어가는 입장에서는 신경이 쓰이는 부분이다. 점점 받을 연금은 줄고 부담액은 높아질 테니 말이다.

단카이 세대의 연금제도

노후생활하면 연금을 떠올릴 것이다. '단카이 세대(団塊世代)'라고 불리는 현재 65세 이상 노인들은 넉넉한 연금을 받고 있다. 현재 50대인 세대도 지급 시기가 60세에서 65세로 늦춰질지 모른다는 걱정은 있으나, 연금에 들어서 손해 보는 장사는 아닐 것이라고 생각한다. 문제는 앞으로의 세대이다. 지금의 30대가 연금을 받을 시기인 2050년에는 3명에 1명꼴로 연금세대가 된다는 것인데, 과연 손해 보는 장사가 아닐 수준으로 보장받을 수 있을지가 의문이다. 앞으로 노후생활을 계획할 때에는 연금은 기대하지 않는 편이 낫다는 결론이 나온다. 용돈 정도로 생각하고 있는 편이 나을 지도 모르겠다.

그러면 어떻게 해야 할까? 내가 제안하는 것은 최대한 노동을 길게 할 수 있는 조건을 만들어나가는 것이다. 70대가 되어도 수입을 얻을 수 있는 무언가를 준비해야만 한다. 그게 아니면 자녀교육비를 줄이고 저축을 늘리는 수밖에 없다.

5장

일본에서 아이 키우기

아이의 탄생에서 성인식까지

　　　　　　일본에는 아이의 건강과 성장을 기원하고 축하하는 의식이 많다. 한국처럼 성대한 돌잔치는 하지 않지만 아이의 성장을 실감하는 고비마다 이벤트를 연다.

　로마에 가면 로마법을 따르라는 말이 있듯이 적절한 시기에 의식을 치러 줄 것을 권한다. 아이에게 좋은 추억이 되는 것은 물론 한 나라의 문화를 습득하면서 아이가 정체성을 형성해가는 과정이 될 것이다. 엄마가 한국인이라고 해서 일본 문화에 소홀히 하면 어중간한 자녀교육이 될 수밖에 없다. 일본 문화든 한국 문화든 아이의 성장과정에 주축이 될 문화를 선택해서 확실히 심어주도록 하자. 한국에서 생활한다면 한국문화를 제대로 체험하게 해주는 것이 훗날 아이의 큰 재산이 될 것이다.

아이가 태어난 후에 치르는 의식은 다음과 같다.

오미야마이리 (お宮参り, 생후 30~33일)

아이가 태어나서 한 달 정도가 지나면 '오미야마이리(お宮参り)'를 한다. 현재 살고 있는 동네를 지켜주는 신사를 찾아가 참배하는 것인데, 아이의 탄생을 감사하고 건강과 장수를 기원한다. 이때 아이에게 새 옷을 마련해서 입히도록 하자. 아이가 태어나서 처음 갖는 행사이자 무사히 한 달을 넘겼음을 기념하는 행사이기 때문이다. 부모들도 보통 기모노나 정장 차림을 한다. 무리해서 새 옷을 사 입을 필요는 없으나 가능한 한 정결한 차림을 하는 것이 바람직하다.

오쿠이조메 (お食い初め, 생후 100~120일, 3~4개월)

'오쿠이조메'는 한국의 백일잔치에 해당한다. 모유 외의 음식을 준비하여 살아가면서 먹고사는 일이 어렵지 않도록 아기에게 음식을 먹이는 흉내를 낸다. 오쿠이조메용 그릇세트가 있으니 그것을 사서 쓰고, 놔두었다가 이유식 먹일 때 써도 된다. 이 의식은 가능하면 조부모 등 장수한 어른이 하는 것이 좋지만 부모가 해도 상관없다. 아기가 얌전히 있지 못하기 때문에 엄마가 안고 하는 경우가 많다. 음식은 밥, 국, 생선 순으로 세 번 반복해서 먹이는 시늉을 한다.

이때 상에 올리는 생선은 통째로 구운 참돔을 쓰는 것이 좋다. 예부터 참돔은 색이 곱고 다른 생선에 비해 수명이 길 뿐 아니라 맛도 좋아서 고급생선이었다고 한다. 일본 전설 속 칠복신 중 하나인 '에비스(恵比寿)'신이 들고 있는 생선 역시 참돔이다. '돔(鯛, 타이)'이 '축하한다(めでたい, 메데타이)'는 말을 연상하게 하는 것도 일본 사람들이 축하 자리에 쓰는 이유일 것이다.

참돔을 구할 수 없는 시기라면 다른 생선을 써도 상관없다. 가족이 아기를 위해서 정성을 다하는 것이 중요하다. 요즘에는 집에서 요리하고 준비하는 게 번거로워서 음식점에서 하는 사람들도 늘고 있다. 온천여관을 예약해도 좋다. 상황에 맞춰가면서도 엄마로서 자각을 갖고 '내 아이'의 건강과 성장을 비는 의식을 잘 치러주자.

잇쇼모치(一升餅, 한 살 생일)

일본 돌잔치는 한국처럼 지인들을 초대하는 파티형식이 아니다. 조부모를 비롯한 친가 식구가 모여 조촐하게 식사를 하는 정도로 끝난다. 경우에 따라 친정 부모는 따로 모이기도 하고 양가 부모의 왕래가 있는 집은 양가 모두 참석하기도 한다.

일본 돌잔치에는 '잇쇼모치(一升餅)'라는 특이한 풍습이 있다. 쌀

한 되(一升)를 쪄서 만든 둥근 떡에 '수(壽)'라는 글자를 새긴 것인데, 이 떡을 아이 등에 매고 걷게 하거나 밟고 지나가도록 한다. 아이가 평생 둥근 떡처럼 원만하게 살고, 먹고사는 일에 어려움이 없도록 기원하는 의미가 있다. 꽤 무겁기 때문에 대부분 아이들은 잘 하지 못한다. 어른이 뒤에서 받쳐줘야만 한다. 그래서 이 의식을 치르는 동안 웃는 아이들은 거의 없다. 우는 애를 어르고 달래느라 엄마는 진땀을 뺀다. 아이 첫 생일을 축하하는 의식이니 울음소리까지 즐기자는 마음을 갖자. 잇쇼모치는 근처 '와가시점(和菓子店)'에 문의하면 대부분 주문을 받는다. 구입할 곳이 마땅치 않을 때에는 인터넷으로도 가능하니 당황하지 않아도 된다. 단, 미리 계획하고 주문하자. 한 살을 맞이한 기념으로 아이의 손발을 찍어 액자를 만들거나 돌사진과 가족사진을 찍기도 한다.

돌잔치 마지막에는 한국과 마찬가지로 아이 장래를 점치는 풍습이 있다. 테이블이나 바닥에 여러 가지 물건을 놓고 아이에게 고르게 하는 것이다. 아이가 맨 처음 집은 물건으로 장래직업을 점친다. 일본인 중에도 이러한 풍습을 모르는 사람이 많으니 남편과 의논해서 정하도록 하자.

시치고상(七五三)

'시치고상'은 아이의 성장을 축하하고 건강을 비는 행사이다. 남자아이는 3세·5세, 여자아이는 3세·7세를 맞이하는 11월 15일을

전후하여 신사나 절에 '오마이리(お参り)'를 한다. 여자아이는 기모노를 입고, 남자아이는 슈트나 하카마(はかま, 남자가 입는 기모노 정장)를 입는데, 기념사진을 찍을 때에는 슈트를 입었던 남자아이도 하카마로 갈아입고 찍는 경우가 많다. 사진을 찍으면 '치토세아메(千歳飴)'라는 것을 주는데, 이것은 시치고상과 떼려야 뗄 수 없는 소품이다. 치토세아메는 에도시대(江戶時代, 1603~1867년)에 도쿄 아사쿠사(浅草)에 있던 사탕장수가 장수(長寿)를 의미하는 '치토세아메(千年飴)'라는 이름을 붙여서 판 것이 시작이라고 한다. 의상은 직접 구입하거나 대여점을 이용할 수도 있다. 기모노와 드레스를 빌릴 수 있는 사진관을 이용하면 여러 가지 의상을 입고 사진을 찍을 수 있어서 여자아이를 둔 부모에게 인기이다.

주상마이리(十三参り, 13세)

교토에서 전해 내려온 풍습으로 아이가 13세(만 12세)를 맞이하는 3월 13일에 치르는 의식이다. 13세가 되는 남녀 아이들이 교토 법륜사(法輪寺)에 오마이리(お参り)를 하고 지혜와 복을 받는다. 만 12세는 십이지(十二支)를 한 바퀴 돌고 다시 시작하는 해이자 정신이나 신체 모두 아이에서 어른으로 변화하는 중요한 나이이다. 보통 초등학교 졸업식이 끝나면 '지혜를 얻게 해주십사'하는 의미에서 중학교에 들어가기 전에 오마이리를 한다고 한다. 교토까지 갈 수 없을 경우에는 집 근처 신사로 가도 좋다.

성인식 (만 20세)

만 20세가 되면 법적·사회적 성인으로 인정받는다. '성년의 날'은 1999년까지는 1월 15일이었으나, 2000년부터 1월 둘째 주 월요일로 바뀌었다. 성년의 날이 되면 각 지방자치단체에서는 만 20세가 된 남녀를 초대하여 성대한 성인식을 치르고 어른이 되었음을 축하한다. 이 성인식에 참석하기 위해 타지에서 생활하고 있는 이들이 고향을 찾기도 한다. 성인식을 맞이한 새내기 성인(新成人)들은 초등학교 때 묻은 타임캡슐을 열고 추억에 잠기기도 한다.

여자는 기모노를 입는 것이 관례로 되어 있어 매해 뉴스를 화려하게 장식한다. 남자는 하카마(はかま, 기모노의 정장)를 입거나 슈트를 입는다. 일본 기모노는 입는 방법이 어려워서 미용실에서 머리를 다듬은 후에 기모노를 입혀주는 프로의 도움을 받는다. 성인식이 되면 미용실 역시 정신없이 바쁘다.

성인식을 치러도 대학생이라면 완벽하게 부모로부터 독립을 할 수 없으나 마음가짐만큼은 '성인'이라고 자각한다. 여기에서 부모로서의 의무는 대부분 끝난다.

지역시설과 공원 데뷔, 그리고 마마토모

일본에서 출산을 하면 의지할 사람이 없어서 불안할 것이다. 남편은 출산과 육아에 대한 지식이 없는 경우가 대부분이다. 남편이 타 지역 출신일 경우에는 서로 아는 사람이 없는 동네에서 자녀교육을 시작하는 셈이다. 그럴 때는 적극적으로 지역시설을 이용할 것을 권한다.

아이 성장을 확인하는 정기검진과 예방접종은 기본적으로 보건소에서 실시하는데, 받아야 할 시기가 되면 엽서가 날아오니 안심하고 기다리면 된다. 이 외에도 보건소에는 육아 강좌가 다양하게 마련되어 있으니 적극적으로 이용해보자. 아빠를 위한 강좌도 있다. 그리고 언제든지 육아 관련 상담을 할 수가 있다. 지역에 따라서는 방문육아 지도를 하는 곳도 있으니 알아보고 이용하면 좋을 것이다. 일본어가 부족한 사람은 통역을 부탁하는 것도 한 방법이다. 특히 도쿄는 거주 외국인이 늘어나면서 통역 자원봉사자를 확보하고 있는 곳이 많으니 필요한 경우 문의해보길 바란다.

보건소 이외에도 아이를 키우는 엄마를 위한 시설로 '지도칸(児童館)', '히로바칸(ひろば館)', '후레아이칸(ふれあい館)' 등이 있다. 영유아와 엄마를 대상으로 하는 프로그램이 연령별로 다양하게 마련되어 있다. 프로그램에 참가함으로써 육아지식을 얻을 수 있는 것은 물론 같은 연령대 아이를 가진 엄마들과 육아에 대한 고민을 공유할 수도 있다. 이들 역시 나와 모국어가 다를 뿐 모두 같은 초보 엄마라는 것을 기억해두자.

일본에는 '공원데뷔'라는 말이 있다. 공원에 아이를 데리고 가서 또래 아이가 있는 엄마들과 교류를 하며 아이를 놀게 하는 것을 말한다. 주로 전업주부들에 해당하는 것인데 하루 종일 집에 있는 것은 답답하고 밖으로 아이를 데리고 갈 수 있는 곳은 공원 정도이기 때문에 자연스럽게 생긴 문화이다.

'데뷔'라는 말이 붙은 것처럼 조심해야 할 점이 있다. 처음에 밉보이면 따돌림을 당하는 일도 있기 때문에 옷에서 매너까지 모두 신경을 써야 한다. 이미 만들어져 있는 그룹 속으로 들어가는 것은 어렵기도 하고, 들어갔다 하더라도 심리적으로 불편할 수 있다. 그러니 앞서 언급한 '히로바칸'이나 '후레아이칸'에서 만난 엄마들과 공원데뷔를 하는 것도 좋은 방법이다.

아이들끼리 놀다가 트러블이 생길 때에는 설사 내 아이가 잘못하지 않았더라도 일단 미안하다고 말하자. 다음에 내 아이가 더 조심하도록 타이르고 양보하도록 하는 것이 가장 무난한 해결 방법이다. 상대방 아이를 비난하는 언동은 가능한 한 삼가는 게 좋다. 집으로 돌아갈 때는 "같이 놀아줘서 감사하다"고 한마디 인사를 하는 것이 다음 만남으로 이어지는 길이다.

물론 아이를 보육원으로 보낸다면 공원에서 놀게 할 시간조차 없을 것이다. 그러나 아이가 유치원에 갈 때까지 집에서 키운다 하더라도, 굳이 엄마들 그룹에 들어가기 위해 애쓸 필요는 없다고 생각한다. 내가 아이를 키울 때에는 이런 말조차도 없었을 뿐더러 공원에 가더라도 아이와 둘이 산책을 하고 돌아오는 경우가 많았다. 따로 공원에서 엄마들과 교류를 한 적은 없다. 눈이 마주치면 인사 정도 하면서 얼굴을 익힌 후에 자연스럽게 말을 걸어오면 아이들끼리 같이 놀게 했을 정도이다. 그러니 절대 무리할 필요는 없다.

일본에서는 집에서 모여서 노는 일은 적다. 아주 친해지면 장소를 제공하는 식으로, 돌아가면서 모이기도 하지만 밖에서 만나는 경우가 더 많다. 먹거리를 마련해서 공원 등에서 놀 때에도 자기가 먹을 분량만 준비한다. 이 점은 다들 그렇기 때문에 특별히 문제가 되지 않는다. 한국인의 정을 나누고 싶다면 평소보다 조금만 더 마련해서, 혹시 준비를 하지 못한 사람이나 먹고 싶다고 칭얼대는 아이에게 나눠주면 인상이 좋아질 수도 있다.

기본적으로 각자 먹을 것은 마련해오기 때문에 억지로 주려고 노력할 필요는 없다. 일본인들은 받으면 되돌려줘야 한다는 생각을 갖고 있다. 억지로 떠넘기면 '부담스러운 친절'이 될 수 있다. 그러니 두 번 정도 권해도 아니라고 하면 더 이상 권하지 말자. 반대로 받기만 해서는 빈축을 살 테니 잊지 말고 제 몫은 준비하도록 하자.

아이를 계기로 친하게 지내는 엄마들을 '마마토모(ママ友)'라고 한다. 앞서 언급한 히로바칸 등에서 알게 된 엄마들도 마마토모가 될 수 있다. 같은 학구 내에 살고 있다면 적어도 아이가 초등학교를 졸업할 때까지 그 관계가 이어지고, 나중에는 아이를 떠나서 좋은 친구가 될 수도 있다. 보육원 엄마들은 바빠서 서로 얼굴 맞대고 이야기할 시간이 없기 때문에 마마토모가 생기기가 어렵다.

그에 비해 유치원 엄마들은 밀접한 관계를 이어간다. 아이들을 유치원에 보내놓고 '런치모임'을 갖기도 한다. 일단 집으로 돌아가서 집안 정리를 하고 점심 때쯤 다시 만나서 식사를 하고 수다를 떨다가 아이들 마중을 함께 가는 것이다. 쓸데없는 잡담이라고 무시할 게 아니다. 이 잡담 속에 귀한 정보들이 숨어있는 경우가 많다. 대화를 즐기면서 정보를 얻은 후에 취사선택할 것을 권한다. 일본인 남편도 모르는 일을 주부들은 훤히 꿰고 있는 경우가 수두룩하다. 특히 아이를 키워본 선배 엄마가 끼어있을 때에는 참고할 만한 정보가 아주 많다. 특히 외국으로 시집간 우리에게는 귀중한 정보원이다. 일본 사람이라고 무작정 피하거나 싫어하지 말고 마음을 열고 사귀어볼 것을 권한다.

보육원과 유치원, 어떻게 다른가?

　　　　　　일본의 육아 위탁시설은 크게 보육원과 유치원 둘로 나뉜다. 보육원은 기본 위탁시간이 7~18시까지로 긴 데 비해 유치원은 9~15시 정도로 짧은 편이다. 보육원은 만 0세부터, 유치원은 만 3세부터 초등학교 입학 전까지 위탁 가능하다.

　보육원은 '인가보육원'과 '비인가보육원'으로 나누어진다. 인가보육원은 시설이나 보육교사 인원 등 정부심사를 거친 곳이다. 정부와 자치단체에서 운영비를 부담하기 때문에 개인이 지불하는 보육비는 비교적 저렴한 편이다. 보육비는 자치단체에 따라 다르기는 하지만 보통 부모의 소득세를 기준으로 정해진다. 개인이나 기업이 운영하는 비인가보육원은 시설과 보육교사 수가 기준에 달하지 못하는 곳이 많으며, 국가보조금 또한 없기 때문에 보육비가 인가보육원의 두 배 정도 비싸다.

인가보육원의 보육비는 소득세를 기준으로 정해진다. 한해 소득세가 17만 엔일 경우 만 3세 미만이 약 3만 엔, 만 3세부터는 2만 엔 정도이다. 반면 비인가보육원은 약 5만 엔에서 7만 엔 정도로 거의 두 배에 달한다. 파트타임으로 일하는 경우에 아이를 비인가보육원에 맡기면 수입 대부분이 보육원비로 들어가는 셈이다.

한국과 마찬가지로 일본에도 육아위탁시설 부족이 문제이다. 선거철이 되면 이 문제를 해결하겠다고 목소리를 높이지만 아직 큰 변화는 느껴지지 않는다. 특히 수도권의 인가보육원 부족 문제가 심각하다. 일하고 싶은 엄마는 많은데 아이를 맡길 곳이 마땅치 않다. 그렇기 때문에 대기자도 많고 심사도 까다롭다. 보육원 배정과 심사는 각 자치단체에서 한다. 보육원을 직접 운영하는 관계자는 일체 관여할 수 없다. 보육원을 신청할 때 희망하는 곳을 적어낼 수는 있지만 배정받은 곳이 마음에 들지 않는다고 바꿔달라고 할 수는 없다. 담당자가 심사점수를 기준으로 배정한 것이기 때문이다. 아니면 비인가

보육원에 맡기는 수밖에 없다.

심사기준은 아주 세분화되어 있다. 항목별로 정해진 점수가 있어서 총점이 높은 순으로 희망하는 인가보육원을 배정받게 된다. 받을 수 있는 인원에는 한계가 있기 때문에 '아이를 봐줄 사람이 없다'는 것을 반드시 증명해야만 한다. 즉, '어느 집 아이가 가장 곤란한 처지에 있는가'가 바로 심사의 포인트이다. 융통성이라고는 없는 것처럼 보이는 일본인도 '사람'이라는 점을 기억하자. 희망하는 곳이 아니면 안 된다는 절실함을 최대한 어필하는 것이 중요하다.

내 여동생은 면접을 볼 때마다 자전거를 타지 못 하기 때문에 가까운 보육원이 아니면 곤란하다는 말을 했다. 덕분에 집에서 가까운 인가보육원에 배정받을 수 있었다. 배정 결과를 기다리는 동안 마치 대학 입시 결과를 기다리는 것처럼 마음을 졸였다고 한다.

심사기준에서 유리하게 적용되는 사항을 정리하면 다음과 같다.

- 편부모로서 밖에서 일을 해야 하는 경우
- 부부가 맞벌이로 하루 8시간 이상 밖에서 일을 하는 경우
- 부부가 자영업에 종사하고 있는 경우
- 가까운 곳에 아이를 봐줄 조부모가 없는 경우

각 지방자치단체에 따라 조건이 다르므로 반드시 서류를 확인하기 바란다.

새 집을 구할 때는 보육시설이나 육아지원이 어떠한가를 잘 알아보고 구할 것을 권한다. 아무래도 아동 수가 적은 지역에 집을 구하면 인가보육원에 들어갈 수 있는 확률이 높을 것이다. 입소문에만 의지하지 말고 담당부서를 찾아가서 직접 확인하도록 하자. 뜻하지 않은 조언을 얻을 수도 있다. 일본은 복지제도가 잘 되어있는 편이다. 때로는 친척보다 공공기관이 더 의지된다는 생각을 종종 한다.

유치원은 국공립유치원과 사립유치원으로 나눈다. 유명사립유치원과 대학부속유치원 중에는 입학시험을 치러야 하는 곳도 있다. 입학만 하면 초등학교부터 대학교까지 큰 문제가 없는 한 계단식으로 올라갈 수 있기 때문에 인기가 상당히 높다. 유치원 입시를 준비하는 학원까지 있다. 이 유치원 입시에는 부모 면접이 필수이다.

일반 유치원일 경우에는 큰 문제없이 보낼 수 있다. 물론 인기가 높은 유치원인 경우에는 전날 밤부터 줄을 서서 원서를 받아야 하는 곳도 있지만 그 외에는 걱정할 필요 없다. 첫 아이는 조금이라도 시설이 좋은 곳에 보내고 싶어서 신경이 곤두서기 마련인데, 내 경험에 의하면 거기서 거기인 경우가 대부분이다.

나는 첫째 아이를 유치원에 보낼 때만 해도 자전거를 타지 못했기 때문에 걸어서 다닐 수 있는 유치원을 골랐다. 시설과 평판이 좋다는 말에 무리해서 먼 곳에 있는 유치원에 보냈다가는 3년 내내 피곤할 수도 있다. 아이의 손을 잡고 유치원을 오가는 것도 좋은 추억이된다.

집에서 가까워서 걸어서 갈 수 있는 곳, 자전거나 차로 데려다줘야 하는 곳, 버스가 마중 나오는 곳 등 여러 종류의 유치원이 있다. 사전에 견학해보고 부모의 교육방침과 아이의 성격 등을 감안하여 결정하기 바란다. 아이를 보육원에 맡기고 빨리 직업전선에 뛰어드는 것도 좋고, 3세까지는 엄마 손으로 키우는 것도 좋다. 어느 쪽이든 다 장단점이 있다. 그리고 아이들은 어른이 생각하는 이상으로 적응을 잘한다.

초등학교 4학년이면 '반은 어른'

　　일본의 학기는 4월부터 시작되며 3학기제이다. 4월부터 8월까지가 1학기, 9월부터 12월까지가 2학기, 1월부터 3월까지가 3학기이다. 7월 말부터 40여 일의 여름방학이 있고 12월 말부터 1월 초까지 10일 전후의 겨울방학, 3월 수료식부터 4월 초까지 10일 전후의 봄방학이 있다. 방학을 이용해서 장기여행을 할 수 있는 것은 여름방학 정도이다.

아이가 초등학교 입학을 앞둔 해 10월경이 되면 교육위원회로부터 입학통지서가 날아온다. 입학예정 학교와 신체검사 일정이 적혀 있다. 지금은 학교를 선택할 수 있는 지역도 있으니 공개수업을 이용해서 견학해보고 결정할 것을 권한다. 입학예정 외의 학교를 선택할 때에는 통지서에 딸린 반송엽서를 교육위원회에 보내야 확정된다. 11월에 신체검사를 받고 입학에 관한 설명을 듣는다. 그리고 형식적이기는 하지만 간단한 면접도 있다.

아이를 사립중학교에 보낼 계획이 있다면 사립진학이 많은 학교인지, 사립진학을 좋게 보는 분위기인지도 알아보는 것이 좋다. 4학년부터는 사립중학교 입시를 위한 학원에 다니기 시작하기 때문이다. 학원에 다니는 친구가 없다면 아이는 학원에 가는 일이 고통스러울 것이다. 방과 후 친구와 놀 시간이 줄어들고 '나만 학원에 간다'고 불만을 품게 되는 것은 물론 엄마는 '교육 마마'가 될 수도 있다. 나는 중학교부터는 사립에 보낼 계획이었기 때문에 교감에게 직접 확인했다. 3개 학교를 견학한 결과 집에서 거리가 가까운 학교가 아닌 걸어서 7분 정도 걸리는 학교를 선택했다.

유치원 졸업 시기가 다가오면 엄마들 사이에서 근처 초등학교에 대한 인상과 평판이 나돌기 시작한다. 일단 참고만 하고 마음에 걸리는 부분이 있다면 그 학교 교사에게 직접 묻자. 학교 인기는 해마다 달라진다. 공립학교 교사는 교장을 포함하여 정기적으로 전근이 있기 때문이다. 사립학교라면 그 학교의 색깔이 확실하지만, 공립학교라면 좋은 해도, 나쁜 해도 있다. 공립중학교도 마찬가지이다. 교장, 교사에 따라 다르고 입학하는 학생들 분위기에 따라서도 학교의 인상은 달라진다.

일본 초등학교의 입학식 복장은 정장이다. 남자아이들은 7세를 기념하는 시치고상 때 입었던 슈트를 입는 경우가 많고, 여자아이들은 원피스나 투피스, 앙상블 등을 입는다.

큰애가 입학하고 3일 동안은 혼자서 건널목을 잘 건너는지 숨어서 지켜봤던 기억이 난다. 겁이 많고 신중한 성격의 큰아이는 혼자서 등교한 첫날, 건널목을 건너지 못하고 쭈뼛거리고 있었다. 당장이라도 뛰어가서 도와주고 싶은 마음을 꾹 누르고 멀리서 바라보았다. 마침 유치원 때 같은 반이었던 아이의 엄마가 지나가다가 아들을 보고 "지금 건너면 돼"라고 말해주었다. 그 말에 아들은 발걸음을 옮겨 건널목을 건넜다. 나는 다시 집 앞까지 뛰어가서 아이를 기다리고 있었다. 드디어 엄마의 모습을 확인한 아들 얼굴에서 안도의 미소가 번졌다. "혼자서 잘 다녀왔네"라는 칭찬과 함께 아들을 꼭 껴안아주었다. 그 후로도 며칠 더 아이에게 들키지 않게 등하굣길을 지켜보았다.

일본 초등학교에는 '1/2 성인식'이라는 재미있는 행사가 있다. 스무 살의 반인 열 살을 축하하는 의미로 수업의 일환으로 열린다. 내 아이들이 다녔던 학교에서는 '시키시(色紙)'라고 불리는 사각형 두꺼운 종이에 아이들 손도장을 찍고, 여백에는 아이들 성장과정을 담거나 부모의 메시지를 적어서 전해준다. 부모는 아이가 무사히 열 살을 맞이한 것에 감사하고, 아이는 이제 '반은 성인'이 된 것을 깨닫게 된다. 그동안 바쁘게 아이를 키워 온 엄마들에게는 한숨 돌리고 아이의 성장과정을 되돌아볼 수 있는 행사라고 생각한다.

  6학년이 되어 졸업식이 다가오면 '감사의 모임(感謝の会)'이라는 행사를 연다. 일종의 사은회 같은 것이다. 학부모와 학생들이 1학년 때부터 신세 진 선생님을 초대하여 감사의 마음을 표현한다. 아이들이 장래의 꿈을 발표하는 자리도 있다. 이 날 '공룡박사'가 되겠다고 한 큰 아들은 현재 대학에서 경제학을 공부하고 있다. 지금도 장래 어떤 직업을 택할지 모색 중이다. 대학 2학년이 끝날 때까지는 정하기를 바란다.

  졸업식에는 입학식 때와 마찬가지로 대부분 아이들이 정장을 입는다. 큰애는 진학할 중학교의 교복을 입혔다. 교복을 입지 않는 것이 암묵적 룰이라고 들었지만 교복 티가 거의 나지 않는 정장이어서 그냥 입혔다. 이름이 불릴 때마다 아이들은 단상으로 올라가 교장으로부터 졸업증서를 받는다. 태어나서 처음으로 엄숙한 행사의 당당한 주인공이 된다. 중학교에 가서도 친구를 사귈 수 있을지, 학교에 적응은 잘 할 수 있을지 걱정하면서도, 하루빨리 중학생이 되고 싶은 아이들이 두근대는 마음으로 정들었던 교정을 떠난다.

중학교 입시,
공립이냐 사립이냐!

일본 입시에는 '헨사치(偏差値)'라는 것이 있다. 중학교, 고등학교, 대학교가 이 헨사치로 수준을 분류한다. 헨사치라는 것은 전체 응시자 중에서 개인이 어느 수준에 있는지를 가늠할 수 있는 것이다. 사립기관이 실시하는 시험이라 결과에 따라 달라진다. 응시자 층이 달라지기 때문이다. 시험을 치르는 입시학원이 여럿있고 응시자층도 다르기 때문에 일괄적으로 헨사치를 비교할 수는 없으나 입시대책의 중요한 기준이 된다.

헨사치 70 전후면 톱 수준의 학교이다. 밑으로 헨사치 30 정도인 학교도 있다. 유명 중고등학교 기준은 일본 톱 대학인 도쿄대학과 교토대학에 몇 명을 합격시켰냐이다. 일본의 중학교 진학에는 세 가지 패턴이 있다. 도쿄의 경우로 설명하겠다.

- **학구 내에 있는 구립 중학교**: 입시 없음. 의무교육이기 때문에 학비 무료. 급식이 있으며 급식비는 내야 한다. 단, 고등학교 입시를 치러야 한다.

- **도립 중고일관학교**: 입시 있음. 사립과 달리 중학교까지는 학비가 무료. 고등학교 입시는 없으나 고등학교부터는 회비를 내야 한다. 사립에 비하면 저렴한 편이다.

- **사립 중고등일관학교**: 사립이므로 중학교부터 회비를 내야 한다. 사립중학교에는 급식이 거의 없다. 학교 식당이 있으나 고교생 우선이므로 제약이 많다. 그래서 최소한 중학교 때까지는 도시락을 지참해야 한다.

일본의 중학교 입시는 한국의 대입을 방불케 한다. 입시 날이 되면 각 입시학원 강사와 관계자들이 시험장 정문 앞에서 아이들을 응원

한다. 유치원과 초등학교 입시도 있으나, 경험해보지 못한 분야이기에 여기서는 거론하지 않겠다.

중학교 입시는 중고일관학교에 입학하기 위한 시험이다. 중학교와 고등학교가 6년 동안 이어지는 학교이기 때문에 고교입시는 생략된다. 옛날에는 도립고등학교에 떨어진 아이들이 가는 곳이 사립고등학교였다고 하는데 지금은 그 반대이다. 현재 이름 있는 고등학교는 모두 사립고등학교이다.

고등학교부터 입학해도 되지만 부모들은 조금이라도 빨리 유명 대학에 가까운 학교의 교육을 받게 하기 위해 중학교 입시를 치르게 하는 것이다. 중학교 입시에 실패하고 구립중학교를 졸업한 후에 고등학교 입시에서 설욕의 기회를 얻는 학생들도 있다. 중학교까지는 의무교육이므로 시험에 떨어져도 재수를 할 수 없다. 중학교 입시를 치르는 학교 대부분이 고등학교 입시도 치른다. 입시가 쉬운 것은 절대 아니다. 4월부터 신학기가 시작되는 일본의 중학교 입시는 1월부터 시작하여 2월 중순까지 이어진다.

중학교 입시는 대상이 초등학생인 만큼 부모의 노력과 관리가 결과에 중요한 영향을 미친다. 그렇기 때문에 각 입시학원에서는 부모를 위한 입시설명회는 물론 과목별 강좌를 열기도 한다. 부모가 먼저 배워서 자식 공부를 도우라는 것이다. 이런 말에 웃음을 터트리는 사람도 있을지 모르겠으나 웃을 일이 아니다. 열성적인 부모들은 진지하게 강좌를 듣는다. 나도 큰애가 중학교 입시를 치를 시절 몇 번에 걸쳐 들었다. 강좌를 들었다고 해서 아이를 가르칠 수는 없었다. 내 아이가 어떤 내용을 공부하고 있는지 알아두고 싶은 마음으로 강좌에 참석했다. 부모 대부분이 그렇지만 첫아이 때는 아무것도 몰라 더 열심히게 된다. 둘째부터는 마음에 여유도 생기고 필요한 일인지 불필요한 일인지 판단도 선다.

중학교 입시에서 성공하는 아이들은 부모 말을 잘 듣거나, 남보다 빨리 철이 든 아이라고 한다. 부모가 시키지 않아도 공부 자체가 좋아서 하는 아이는 학원에만 보내주면 알아서 성적을 올린다. 부모가 시키는 대로 꾀부리지 않고 따르는 아이도 중학교 입시에는 성공한다. 빠르면 초등학교 2학년 때부터 입시학원에 보내는데, 처음부터 입시문제를 풀지는 않고 게임과 실험을 통해 기초를 다진다. 큰애는 4학년, 둘째는 5학년 여름부터 다니기 시작했다.

초등학생은 입시를 준비하기에는 아직 어린 나이다. 그래서 부모와 자식 간 싸움도 종종 일어난다. 부모의 고민은 한 가지 뿐이다. '어떻게 하면 더 열심히 공부하게 만들까?' 입시에 발을 들이면 아이나 부모 모두 그만두겠다는 선택을 하기 어렵다. 지금까지 해온 것도 아깝고, 포기하는 것 같은 생각이 들기 때문이다.

중학교 입시는 잘 생각하고 결정해야 한다. 공립중학교에 보내면

회비가 필요 없는데, 사립중학교에 보내면 고등학교까지 꼬박 6년간 회비를 내야 한다. 해외어학연수나 해외로 수학여행을 가는 학교가 많아서 적립금도 매달 낸다. 사립중학교 회비는 적립금까지 포함하면 매달 4만 엔에서 5만 엔 정도이다. 경제적으로 여유가 있어야 가능하다.

내가 아들 둘을 사립중고등학교에 입학시킨 이유는 두 가지이다. 첫째, 두 아들 모두 성격이 여렸다. 두 번째로는 더 좋은 교육을 받게 하고 싶었다. 아무래도 입시를 통해 비슷한 성적과 성격의 아이들이 모이고, 가정환경도 엇비슷하기 때문에 여러모로 친구를 사귀기가 편할 것이라는 생각을 했다. 또 고등학교 입시를 치러야 하는 부담이 없기 때문에 아이들이 좀 더 여유 있는 학창생활을 보낼 수가 있다. 학비 부담은 있었지만 결과는 모두 만족스럽다.

한국보다 치열한 대학 입시

이 글을 쓰고 있는 지금 2015년 2월 말로 일본의 대학 입시가 거의 막바지에 이르렀다. 한국의 수능시험에 해당하는 '대학 입시센터시험(이하 센터시험)'은 매해 1월 중순에 있다. 센터시험 결과를 참고해서 국립대학과 사립대학에 원서를 접수하고, 2월이 되면 국립대학의 2차 시험과 사립대학 시험을 친다.

사립대학은 센터시험 결과를 통한 지원도 있지만, 대부분의 입시생은 각 대학에서 독자적으로 실시하는 시험을 치르는 게 일반적이다. 대학마다 우수한 학생을 확보하기 위해 다양한 입시 제도를 마련하고 있다. 각 대학마다 출제경향이 다르기 때문에 '아카본(赤本)'이라고 불리는 과거 입시문제집은 필수품이다. 대학 입시는 최악의 경우 3월까지 이어진다. 합격자 발표일마다 골치가 아프다. 다행히 우리 집 입시는 무난하게 끝났다. 참고로 일본 입시제도는 5~6년 뒤부터 바뀔 예정이라고 한다.

일본에도 입시전쟁은 있다. 일본인들이 제일로 꼽는 대학은 도쿄대학과 교토대학이다. 톱 대학을 지망하는 학생은 말할 것도 없고 대학진학을 목표로 하는 학생들은 빠르면 고 1때부터 '요비코(予備校)'라고 불리는 입시학원에 다니기 시작한다. 학원에 다닌다고 모두 공부를 하는 것은 아니지만, 부모는 조금이라도 유명한 대학에 보내기 위해 아이를 학원으로 보낸다.

아이가 사립고등학교에 다니는 경우에는 학교회비와 학원비로 가계 부담이 커진다. 투자비용이 만만치 않다. 그래서인지 부모 연수입이 자식 학력으로 이어지고 있다는 말까지 나오고 있다. 한국과 마찬가지로 일본에도 이제 '개천에서 용이 나오는 시대'는 끝났다고 봐야 한다. 그나마 한국보다 입시경쟁이 덜해 보이는 것은 인구비율에 비해 대학진학자가 많지 않기 때문일 것이다. 전문대학이나 전문학교 진학자도 많고, 고등학교만 졸업하고 취직하는 학생들도 많다.

한국에서처럼 경찰차나 택시가 학생들을 시험장까지 데려다주는 일은 없다. 출근시간을 조절하는 일도 없다. 지각을 하거나 시험장을 제대로 찾아가지 못하는 일은 전부 본인 책임이다. 한국처럼 온 국민이 수험생만 지켜보는 분위기도 아니다. 수험장 앞에서 후배들이 응원하는 풍경도 볼 수 없고, 교문 앞에서 두 손 모아 기도하는 엄마도 없다. 시험장까지 배웅하는 사람이야 있지만, 그 자리에 머물러 있는 사람은 드물다. 나 역시 한 번도 데려다준 적이 없다. 아들이 원치 않기 때문이기도 하고 필요성을 못 느꼈기 때문이다.

한국의 입시철이 오면 일본 뉴스에서도 한국 수능시험장의 모습을 보도한다. 그래서인지 일본 사람들은 한국 대학 입시가 일본보다 훨씬 치열하다고 생각한다. 그러나 이번에 큰아들 대학 입시를 치러 본 결과 일본 대학 입시 또한 만만치 않다고 느꼈다.

2014년 5월 현재 일본 문부과학성(文部科学省)의 자료에 따르면 국립대학 86개, 공립대학 86개, 사립대학이 603개이다. 전부 합하면 775개로 얼핏 많아 보이지만, 일본 인구가 1억 2천 명을 넘으니 대략 15만 5천 명에 1개꼴이다. 저출산시대의 영향으로 대학진학자 역시 점점 줄어들고 있다. 이전에 비하면 지방대학 진학자도 늘었다. 불경기가 이어지면서 도쿄에 있는 대학에 진학하는 입시생이 줄어드는 추세라고 한다.

일본에서는 지방 국립대학도 인정을 받는다. 사립대학에 비해 학비가 저렴하기 때문에 선호하는 것이다. 사립대학의 경우, 아무래도 도쿄에 위치한 대학들이 강세이다. 사립대학 순위를 보면 '소케죠치(早慶上智)'로 불리는 와세다대학(早稲田大学), 게이오대학(慶応大学), 죠치대학(上智大学), 그 다음이 'G마치(GMARCH)'라고 불리는 각슈인대학(学習院大学), 메이지대학(明治大学), 아오야마대학(青山大学), 릿쿄대학(立教大学), 츄오대학(中央大学), 호세이대학(法政大学) 순이다. 그 뒤로 '닛토고마센(日東駒専)'이라고 불리는 니혼대학(日本大学), 토요대학(東洋大学), 고마자와대학(駒澤大学), 센슈대학(専修大学)이 이어진다.

한국 특목고 학생들은 목표했던 서울대가 아닌 연·고대에 가면 패배감에 젖는다고 들었다. 일본에서도 동경대학 합격자를 많이 배출하는 학교 출신들은 와세다대학이나 게이오대학에 합격해도 '패배'라고 한다. 그러나 그 외 평범한 학교 출신자들은 와세다대학이나 게이오대학 정도면 '대성공'이다. 일본 역시 한국과 마찬가지로 학력중심사회이다.

아들의 대학 입시를 경험하기 전까지만 해도 일본 사람들은 학력에 별 관심이 없다고 생각했었다. 그러나 착각이었다. 소위 '캬리아(キャリア)'라고 불리는 정부 관료나 경찰 고위간부로 출세를 하려면 도쿄대학 출신이 절대적으로 유리하다. 대기업을 선호하는 것도 여전하다. 소위 일류대 출신자들은 프라이드가 높아서 중소기업에 취직하는 것을 꺼린다. 중소기업으로 눈을 돌리면 얼마든지 취직할 수

있는데 하지 않는 것이다. 일본에도 고학력 실업자는 있다.

그러나 일본사회 전체가 학력에 목매는 것은 아니다. 학력은 상관없다는 인식 역시 강하다. 모든 직업을 존중하고 다양한 가치관이 공존하는 사회이기 때문이라고 생각한다. 대졸이라 우대받고 고졸이라서 무시당하는 풍토도 거의 없다. 일본의 유명한 사회자 중에는 고등학교 중퇴자도 있으니 학력이 성공의 걸림돌이 되는 나라는 아니다. 학력중심사회이기는 하나 학력보다 실력을 더 중요시한다. 그래서 더 기회가 많은 나라가 아닐까 싶다.

다만 그 기회 역시 고학력자에게 더 많은 것도 사실이다. 용의 꼬리가 될 것이냐, 뱀의 머리가 될 것이냐의 문제인 것이다. 일본에 '돔의 꼬리보다 정어리의 머리(鯛の尾より鰯の頭)'라는 같은 의미의 말이 있다. 어느 나라에서나 '영원한 테마'인 듯하다.

TIP_ 온짱의 일본 살이
일본의 주택은 투자대상이 아니다

신혼부부가 꿈꾸는 것 중 하나는 하루라도 빨리 '내 집'을 마련하는 것이 아닐까? 그러나 일본에는 평생 임대주택에 살아도 좋다는 사람들이 많다. 마음에 드는 동네로 자유롭게 이사를 갈 수 있기 때문이다. 집을 사게 되면 20년에서 30년 융자는 기본인데, 평생 그 빚을 갚아가며 사는 것도 막막하고 생활의 여유가 사라진다는 생각에서다.

내 집 마련 vs 임대 주택

집을 구입하면 평생 살 집이 생긴다는 안도감은 얻을 수 있다. 집 구조 또한 마음대로 바꿀 수 있고, 만약 이사를 가더라도 어느 정도 재산 가치는 남는다. 그러나 은행융자를 받았을 경우에는 그 빚을 갚아야 한다는 부담이 있고, 만에 하나 그 동네가 마음에 들지 않더라도 다른 지역으로 이사를 갈 수가 없다.

그에 비해 임대주택은 '빚이 있다'는 부담이 없고, 이 동네 저 동네에서 살아볼 수 있는 자유가 있다. 특히 아이가 태어나기 전까지는 임대주택에 직접 살아봄으로써 그 지역이 아이의 교육과 일상생활을 하는 데 있어 불편함은 없는 곳인지를 알아볼 수도 있다.

정보 대부분은 부동산업자를 통해 얻을 수 있지만, 그 지역만의 세부적인 특징은 직접 살아보고 체험하는 것이 가장 좋은 방법이다. 병원은 가까운 곳에 있는지 보육원에는 쉽게 들어갈 수 있는지, 유치원과 초등학교, 중학교에 대한 평판은 어떤지, 가까운 곳에 아이를 데리고 갈만한 공원은 있는지 등 부동산업자가 말하지 않은 부분까지 알 수 있다.

융자를 받아서 집을 산 가족은 맞벌이 부부가 아닌 이상 여행을 다니거나, 아이를 학원에 보낼 여유가 부족하다. 매달 갚아야 하는 융자금이 있기 때문이다. 대신 융자금을 다 갚고 나면 내 집이 되기 때문에, 수입이 줄어드는 노후에도 주택 걱정은 하지 않아도 된다.

반대로 임대주택에서 사는 사람들은 빚을 지고 있다는 생각이 없기 때문에 경제적으로 자유로울 수 있다. 그러나 임대주택 집값 또한 만만치 않으므로 집값이 융자금 변제금액과 비슷하다면 잘 생각해봐야 한다. 서민이 언제까지나 방세를 내면서 살 수는 없으니 말이다. 일본은 지진이 있는 나라여서 빚을 지면서까지 집을 사는 일이 딱 좋다고는 말할 수 없으나, 이 역시 신중하게 생각해봐야 할 일임은 분명하다.

일본의 주택 임대계약

일본의 임대계약은 한국 시스템과 많이 다르다. 일단 전세계약이라는 게 없다. 집값이나 방값은 매달 지불한다. 계약할 때는 앞으로 살아갈 달의 방값 외에 한 달치 방값에 해당하는 보증금과 수수료를 지불하는 것이 전부이다. 예전에는 두 달치씩 받았는데 최근에는 보증금도 수수료도 많이 저렴해졌다. 수수료를 받지 않는 부동산도 있다. 보증금은 대부분 방 계약이 끝나서 나갈 때의 수리비로 충당된다. 집을 깨끗하게 썼을 경우에는 그대로 돌려받을 수 있기 때문에, 일본에서는 임대주택에 함부로 손을 대지 않는다. 못 하나도 박지 않으려고 노력한다. 그래서 벽에 붙이는 '접착 못'이 다양하게 판매되고 있다.

일본의 주택 구조

수도권일 경우 방 하나에 거실 겸 부엌이 딸린 1LDK의 방세는 월 8만~12

만 엔 정도이다. 주로 옛날 건물에 많은 방 두개에 부엌이 딸린 2DK는 9만 ~13만 엔 정도면 빌릴 수 있다. 임대가격도 만만치가 않다. 그러니 앞으로 살고 싶은 동네가 정해지면 주택을 구입하는 것도 하나의 방법이 아닐까 싶다. 물론 융자금에 대한 각오는 필요하다.

일본의 일반주택은 한국에 비해서 좁은 편이다. 도쿄 23구 내의 단독주택이라고 하면 보통 3층 건물인데 좁고 길쭉한 형태가 많다. 1층에는 현관과 방하나에 목욕탕과 화장실, 2층에 거실 겸 부엌, 3층에는 침실들이 있다. 우리 집 역시 이런 조그마한 3층집인데, 4인 가족이 살면 딱 좋을 정도의 공간이다. 물론 누군가 나에게 '어떤 집을 원하냐?'고 묻는다면 마당이 있는 단층집이라고 말하겠다.

경제학자 중에는 융자를 받으면서까지 집을 살 필요는 없다고 말하는 사람도 있다. 집을 구입하는 것은 일생일대의 큰 거래이므로 잘 생각해야 한다. 임대라면 경제사정에 따라 집의 규모를 조절할 수 있다는 장점이 있다. 일본에서는 주택이 투자대상이 되지 못하기 때문에 신중히 생각해서 결정하자.

6장

일본에서 한국인으로 사는 법

PTA 학부모회 활동으로 일본에 젖어들다

2월 13일, 밸런타인데이 전날 텔레비전에는 달콤한 초콜릿들이 쏟아져 나오고 있었다. 어느덧 코너가 바뀌고 밸런타인데이와는 무관한 내 눈을 번쩍 뜨게 하는 테마가 시작되었다.

'PTA헌터가 무섭다!'

일본에는 한국의 학부모회에 해당하는 'PTA(Parent-Teacher

Association)'라는 조직이 있다. 학부모와 학교 관계자가 회원으로 서로 협력해서 학교행사를 진행해나가는 조직이다. 앞서 말한 'PTA헌터'란 바로 PTA의 '임원선출위원'을 칭하는 말이다.

　오랫동안 PTA임원으로 활동하고 마지막에는 회장직까지 맡았던 나로서는 솔깃한 테마였다. 벌써 회장을 그만둔 지 7년이나 지났던 터라 요즘 풍토를 알고 싶었다. 하지만 '임원선출위원'이 '헌터'라고 불리고 있는 것에는 적잖이 충격을 받았다. 이 말만 봐도 일본 부모들이 PTA 활동을 어떻게 생각하고 있는지 눈치챌 수 있을 것이다.
　대부분 귀찮아하고 도망가려 한다. 가능하면 임원이나 위원을 맡지 않고 무사히 아이를 졸업시킬 수 있었으면 한다. 나는 이런 사람들을 '도둑놈 심보'라고 말한다. 내 아이를 맡기고 있는 학교에 협력을 하지 않겠다는 말과 다름없으니 말이다. 이런 사람들이 막상 학교나 PTA 임원들에 대한 불평불만을 많이 한다. 임원들이 얼마나 많은 고생을 하는지 모르기 때문이다. 자원봉사를 하고 있는 집행위원에게 자기들이 불편하지 않도록, 손해 보는 일이 없도록 배려하라고 요구해오는 학부모도 있다.

　한국에도 학부모회나 어머니회가 있다고 들었다. 따뜻한 눈으로 응원하자. 이러나저러나 시간을 쪼개고 가끔은 가족까지 희생시켜가면서 활동하고 있을 것이기 때문이다.

나는 큰아들이 유치원에 다닐 때부터 PTA 임원으로 활동했다. 유치원 관계자의 제안을 받고 시작하게 되었다. 보호자회의가 있던 날이었다.

"클래스 위원을 해보지 않겠어요?"

관계자가 말을 걸어왔다. '내가 일본인이라고 생각하고 말을 걸어왔구나'라고 생각하고 "저는 한국인인데요?"라고 되물었다. 그랬더니 어려운 일은 없기 때문에 외국인이어도 괜찮다는 것이 아닌가!

'세상에, 외국인한테까지 부탁할 정도로 사람 모으는 게 힘든가'라는 생각을 하며 수락하면서 나의 PTA 활동이 시작되었다. 큰아들이 초등학교 5학년때는 일본 공립초등학교의 PTA 회장까지 맡았다.

큰아들이 초등학교 입학을 앞두었을 때, 초등학교를 다니는 6년 동안 최소한 한 번은 엄마가 '클래스 위원'을 해야 한다는 정보를 입수했다. 그때 결심했다. 어차피 해야 할 거라면 1학년 때 해치워버리자고 말이다. 매도 먼저 맞는 놈이 낫다고 했다. 그리고 일본 유치원에 대해 알았으니 초등학교도 알고 싶다는 호기심도 있었다.

PTA에는 전체를 총괄하는 집행부가 있고 각 학년별 위원이 있다. 학년별 위원은 '학년위원(学年委員)', '문화위원(文化委員)', '홍보위원(広報委員)', '교외위원(校外委員)'등으로 나누어진다. 이 중 학년위원은 2명 체제이다. 이왕이면 2명이 하는 학년위원을 하고 싶었다. 아무래도 미지의 세계에 첫 발을 내딛는 것이 불안했기 때문이다. 그리고 내 아이가 몸담고 있는 클래스와 연관된 일을 하고 싶었다.

유치원에서 알게 된 친구와 함께 준비를 했다. '내가 해야겠다'는 마음이 생기니 이제는 오히려 경쟁자가 나타날까 봐 조마조마했다. 임원선출이 시작되자마자 손을 들어 학년위원에 자원했다. 다들 눈치만 보고 있지 나처럼 번쩍 손을 드는 사람은 없었다. 나 같은 사람이 그리 많지 않다는 것을 다시금 깨달았다. 흐름을 타기 시작하자 금세 다음 지원자가 나타나서 모든 것이 결정되었다. 옆 반에서도 자극이 되었는지 순조롭게 임원들을 선출했다. 그때 담임선생님이 짓던 환한 웃음을 아직도 잊지 못한다. 이렇게 빨리 선출된 적이 없었다는 것이다. 감사하다는 말을 몇 번이나 들었는지 모른다.

1학년 3학기가 끝나가던 2월 어느 날 지금은 PTA 헌터라고 불린다는 임원선출위원이 웃는 얼굴로 내게 다가왔다.

"PTA 집행부에 들어오지 않을래요?"

"저는 한국인입니다. 도움이 안 될 거예요."

역시 PTA 헌터는 포기하지 않았다. 사전조사를 끝내고 접근해왔을 터이니 내가 아이교육에 관심이 많다는 것을 알고 있었다.

"특별히 어려운 일은 없으니까 괜찮을 거예요."

어디서 들어본 듯한 말이다. 유치원 때와 마찬가지로 '그렇게 사람이 없나'라고 생각했다. 나는 '머릿수를 채우는 정도로도 괜찮다면'이라고 가벼운 마음으로 대답했다. 1년이면 끝날 줄 알았다. 그러나 집행위원은 최소한 2년은 활동을 해야 한다고 했다. 결국 이 한국인 엄마는 회장까지 맡아서 한 후에야 집행부를 그만둘 수 있었다.

   나는 PTA 활동을 한 것을 단 한 번도 후회한 적이 없다. 일본 사람을 깊숙이 알 수 있었던 것은 물론 자연스럽게 일본사회에 스며들 수 있었기 때문이다. 아직 다 안다고는 못하지만 이방인 같은 느낌은 전혀 없다. 처음에는 위화감도 들고 멀뚱하게 서 있을 때도 있을 것이다. 거기에서 지지 말고 그 자리에서 하나씩 관찰하면서 일본 사람과 사귀어나가자. 당신이 일본인과 결혼해서 일본에서 살 것이라면 말이다. 돈 들이지 않고 일본을 제대로 배울 수 있는 절호의 기회라고 장담할 수 있다.

일본에서 주부가 경제활동 하기

　　　　　남편이 영원한 삶의 방패막이 되어줄 것이라는 보장은 없다. 결혼은 살아봐야 아는 것이니 말이다. 일본 남자와 결혼하면 '일본인 배우자'라는 재류자격이 주어진다. 즉, 이혼을 하면 더 이상 일본에서 살 수 없다는 것을 의미한다. 일본인 배우자가 취득할 수 있는 비자의 체류 년수는 6개월에서 1년, 3년, 5년으로 점점 길어진다. 가장 좋은 것은 영주권을 취득하는 것인데, 결혼해서 3년 정도가 지나야만 취득자격이 주어진다.

만에 하나 이혼할 경우 한국으로 돌아갈 생각이라면 고민할 필요가 없다. 하지만 계속해서 일본에서 살 생각이 있다면 자신의 경제활동에 대해 깊이 생각해보기 바란다. 일을 하고 있으면 재류자격을 취업비자로 바꿀 수도 있고 경제적으로도 자립할 수 있어 마음이 든든할 것이다.

이혼도 하지 않고 사별하는 일이 없다고 해도, 새로운 인간관계를 만들어나가야 하는 것에는 변함이 없다. 누군가와 차를 한잔 하고 싶을 때 한국에 있는 친구를 부를 수도 없고 내가 한국으로 갈 수도 없지 않은가. 그러니 일본에서 친구를 만들어야 한다. 쉽게 친구를 만들 수 있는 방법 중 하나가 바로 일을 하는 것이다.

한국과 마찬가지로 일본에서도 어른이 되어서 친구를 사귀기가 아주 어렵다. 하지만 여자의 경우에는 국적과 상관없이 결혼과 동시에 자기가 나고 자란 곳을 떠나온 사람들이 많다. 그러니 사귀려고 마음만 먹으면 얼마든지 사귈 수 있다. 사회적인 동물인 인간으로서 남편 사랑만으로 살아가는 데는 한계가 있다.

결혼하자마자 바로 경제활동을 할 수 있는 사람은 그리 많지 않을 것이다. 그런 경우에는 아이들 낳고 키우는 동안 일본어를 완벽하게 구사할 수 있도록 노력하자. 엄마가 마음 놓고 직업 전선에 뛰어들 수 있으려면 아이의 나이가 만 10세 이후는 되어야 한다. 만 10세는 초등학교 4학년으로 엄마 역시 일본으로 온지 10년 정도가 되어 있을 것이다. 일본어를 10년만 공부하면 못할 것이 없다. 4학년이 되면 아이가 학교에서 돌아오는 시간이 늦어지므로 엄마들은 좀 더 긴 시간제 일자리를 찾기 시작한다. 일주일에 2～3일 정도부터 시작하는 게 적당하다. 물론 경제적으로 여유가 있다면 아이가 중학교에 진학한 후에 일을 시작해도 괜찮다. 대신 일본어 공부를 게을리 해서는 안 된다.

요즘은 편의점에서도 외국인을 채용하는 경우가 많으므로 일본어 실력만 된다면 얼마든지 집 근처에서 직장을 찾을 수 있을 것이다. 좀 더 범위를 넓힌다면 한국기업의 일본지사에서 근무하는 것도 하나의 방법이다. 음식점에서 근무하는 외국인도 많다. 파트타임이라면 정해진 시간만 근무를 하고 아이들 학교행사 때는 쉴 수도 있기 때문에 아이를 키우는 엄마들에게는 인기가 있다.

지금은 맞벌이가 아니면 생활이 어려운 시대이기도 하다. 물론 아이를 보육원이나 유치원에 맡기는 동안에는 '내가 무엇을 위해서 일을 하고 있는지' 직장생활에 회의를 느낄 때도 있다. 그러나 월급 전액을 보육비로 지불하는 한이 있더라도 반드시 일을 하기를 바란다. 아이가 초등학교에 들어간 후의 생활과 고학년이 되어 엄마의 손을 필요로 하지 않게 될 때를 위해서라도 말이다. 재택근무가 가능한 일이면 가장 좋겠지만 그렇지 않더라도 어떤 형태로든 경제활동을 할 것을 권한다. 당장 조급해 할 필요는 없지만 이를 항상 염두에 두고 기회가 오면 두세 시간 정도의 아르바이트부터 시작하자. 물론 남편과 의논해서 말이다.

내 여동생은 2013년 11월에 출산하고 이듬해 4월 직장으로 복귀했다. 만 4개월밖에 안 된 아들을 보육원에 맡기고 서두른 이유에는 두 가지가 있다.

첫째, 4월에 맡기지 못하면 1년을 더 기다려야 할지도 모르기 때문이다. 일본의 모든 기관과 시설은 4월부터 시작된다. 보육시설이 부족한 일본에서 4월에 보내지 않으면 언제 결원이 생길지 막막하다. 여동생은 출산 전부터 구청에 들러 보육원 신청서를 접수했다. 보육원 입소가 결정되는 날까지 여동생 부부는 마치 아들의 대학합격 소식이라도 기다리듯 마음을 졸였다고 한다. 다행히 집에서 가장 가깝고 시설도 좋은 보육원에 아이를 보낼 수 있게 되었다.

둘째, 회사에서 경력이 단절되는 것을 막기 위해서였다. 정사원으로 일을 하는 이상 커리어를 생각하지 않을 수 없는 듯 했다. 마음이야 최소 1년 정도는 집에서 아이를 돌보고 싶었지만 마음을 독하게 먹고 아이를 보육원에 넣을 결심을 했다고 한다. 지방 출신 남편과 한국 출신 아내가 도쿄에서 내 집을 장만하고 생활을 하려면 맞벌이를 할 수밖에 없다. 결혼을 하면 가정을 운영하는 일은 부부가 공동으로 책임져야 한다. 남편에게만 짐을 지워서는 안 된다. 남편 역시 일을 하는 아내와 함께 육아와 가사에 적극적으로 참여해야 한다. 아내를 돕는 수준이 아니라 남편과 아빠의 역할로서 말이다. 가사와 육아는 부부의 일이다.

처음부터 무리할 필요는 없다. 할 수 있는 일을 찾아서 하나씩 경험을 쌓아나가자. 어쩌면 한국에서는 생각해본 적도 없는 일이 내 적성에 맞는 일일 수도 있다. 혹은 나처럼 공장에서 첫발을 내디딜 수도 있다. 당시 나의 관심은 '지금 나에게 주어진 일을 잘 해내는 것'이었다. 설사 하찮게 보이는 일일지라도 자존심을 걸고 그 누구보다 완벽하게 해낼 수 있도록 노력하자. 그러면 다음 스텝으로 가는 길이 보일 것이라고 확신한다.

공장 노동자에서 자막번역가로

　　　　　　　　　　일본 남자와 결혼해서 주부가 되었지만 여전히 일본사회에서 붕 떠있는 이방인이라는 느낌을 지울 수가 없었다. 내 삶을 주체적으로 살고 있다는 실감도 나지 않았다. 마치 꿰다 놓은 보리자루 같다는 느낌이 들었다. 결혼해서 일본으로 가면 신랑과 깨소금 냄새 풍기면서 살아갈 수 있을 줄 알았다. 그런데 막상 나에게 다가온 것은 너무나 조용하고 지루한 하루하루였다. 남편이 출근한 후에는 달리 할 일이 없었다. 친구도 가족도 없이 나 혼자였다. '이대로는 안 되겠다'싶어 '편의점에서 아르바이트라도 해야지'라는 마음으로 찾아갔으나 외국인은 채용하지 않는다고 했다. 지금은 외국인을 채용하는 편의점이 많지만 때는 1994년, 그야말로 옛날이었다.

편의점 아르바이트를 거절당한 후 나는 고민하기 시작했다.
'내가 일본에서 일본인보다 잘 할 수 있는 게 있을까?'
'내 최대의 무기는 뭘까?'

그리고 깨달았다. 내가 일본에서 가장 잘 할 수 있는 것은 바로 '한국어'라고 말이다. 그때 머릿속에 떠오른 것이 바로 통역과 번역이었다. 바로 서점으로 달려가 관련서적을 찾아보았다. ≪통역번역저널(通訳翻訳ジャーナル)≫이라는 잡지가 있었다. 통역학원 리스트는 물론 통역가와 번역가의 인터뷰도 실려 있었다. 나의 미래가 거기에 있는 듯했다. 사소한 정보 하나라도 놓칠 새라 살살이 뒤졌지만 '한국어 코스'가 있는 학원은 없었다. 오사카에는 있는데 도쿄에는 없었다. 1994년, 한류 붐이 일어날 것이라고 상상도 못했던 시절이다. 한국어는 '마이너'에 불과했다. 한국어를 배우려는 사람들은 특이한 사람 취급을 받았다. 하지만 나는 도쿄에도 분명히 한국어 코스가 생길 거라고 생각했다.

학원에 다닐 자금을 마련하기 위해 결혼 전에 근무했던 인쇄소에서 1년 정도 일을 했다. 당시 대학원 학비로 모았던 돈은 결혼 전에 가족에게 쓰고, 통역 가이드라도 할까 하고 학원비를 내고, 남편과 원거리 연애하느라 국제전화비로 모두 탕진한 상태였다.

공장에서 일을 하면서 정기적으로 〈통역번역저널〉을 구입해서 꼼꼼히 체크했다. 그렇게 2년 정도 지났을 때였다. 〈통역번역저널〉에 '인터스쿨'이라는 통번역학교에서 한국어 코스를 개설한다는 내용이 실려 있는 게 아닌가. 주먹을 불끈 쥐었다. 입학시험을 치르고 1997년 4월에 입학했다. 그 사이 큰애가 태어나서 10개월 정도가 되어 있었다.

학교에 다닌 이유 중 하나는 일본에서 인맥을 만드는 것이었다. 아는 사람이 없는 상황에서 구직을 하기 위해서는 하고 싶은 분야에 몸을 두는 것이 지름길이라고 생각했다. 그 학교는 통역가 파견사업도 하는 곳이어서 기대가 컸다. 메인스쿨 외에 개인이 운영하는 서브스쿨에도 다녔다. 제일교포가 운영하는 '우리학교'라는 곳이었다. 결국 나는 거금을 들여서 다닌 '인터스쿨'이 아닌 우리학교 선생님의 소개로 '한류드라마 자막번역'이라는 직업에 입문하게 되었다.

약 15년 전으로 서서히 한류 붐이 몰아치려 하고 있을 때였다. 한편으로 '내가 과연 잘 할 수 있을지' 두려운 마음도 있었지만 더 뭉그적거릴 여유가 없을 정도로 직업을 갖는 일이 절실했다. '하늘이 나를 돕고 있다'는 생각이 들었다. 하지만 영화를 볼 때조차 의식해서 자막을 본 적이 없는 나에게 있어서 자막번역이라는 일은 그리 쉬운 일이 아니었다. 기본지식이 전혀 없는 상황이었다. 일본어 어휘 실력 역시 너무 부족했다. 정말이지 10년 동안 '언제 잘릴지 모른다'는 긴장감으로 일을 해왔다.

지금은 잘릴 걱정보다는 조금이라도 더 좋은 자막을 만들어내기 위해 노력하고 있다. 그때 나를 채용하고 가르쳐주신 분들 덕분에 오늘 나의 삶이 있다고 해도 과언이 아니다. 자막번역가라는 직업은 한국에 있을 때에는 생각해본 적도 없는 직업이다. '나에게 맞는 직업'이 무엇인지는 직접 해보지 않으면 결코 모른다. 그리고 기회는 언제나 거머쥐는 사람의 몫이다. 그러니 다가오는 기회를 절대 놓지 말아야 한다. 온 정성을 다하여 소중히 보듬어야만 우연히 다가온 기회가 꽃을 피울 수 있다. 머뭇거리다가는 곧 떠나버리고 말 것이다. 원하던 직업을 갖게 된 나는 경제적으로 독립하게 된 것은 물론 매사에 자신감을 얻게 되었다. 한국에서의 씩씩한 나를 되찾은 것이다.

애국투사 아닌 풀뿌리외교관이 되다

마지막으로 일본에서 살게 되었을 때 역사・정치 문제로 겪게 되는 갈등에 대한 내 생각을 밝히고자 한다.

'왕따'를 행한 사람은 왕따를 당한 사람이 용서해줄 때까지 반드시 용서를 빌어야 한다. 그것이 진정한 용서이며 반성이자, 관계 개선을 향한 길이라고 생각한다. 또한 왕따를 당한 사람은 언제까지나 그것에 얽매여 있을 것이 아니라 내 인생을 살아내기 위해 앞을 내다 보아야 한다. '용서를 하고 용서를 받기 위해서' 서로 등을 돌리지 않고 관계를 지속해나가는 것이 중요하다. 서로를 알아가다 보면 입장을 알게 되고 그러다 보면 마음이 풀리는 계기를 만날 수 있기 때문이다. 등을 돌린 채 있다가는 기회는 영원히 찾아오지 않을 것이다. 특히 인연을 끊고 살아갈 수 없는 관계라면 더욱 그렇다.

일본에서 살다 보면 한일관계를 보는 눈이 조금 달라진다. 한국에 있을 때는 일본을 마음 편히 미워할 수 있었는데, 생활의 거점이 일본이다 보니 두 나라가 사이좋게 지냈으면 하는 바람이 생긴다. 나처럼 일본인 아이를 갖게 되면 양국 관계 개선을 더욱 절실히 바라게 된다. 한일관계에 관한 뉴스와 양국 정치가들, 역사학자들 발언에도 민감해진다.

한류 붐이 일기 시작했을 때 나는 '과연 언제까지 이어질까'라는 생각이었다. 그러나 몇 년이 지나도 식을 줄 모르는 한류 붐을 보고, 한국이나 일본에서 서양드라마가 방송되듯, 한국드라마도 정착할 것이라는 생각이 들기 시작했고, 그 생각은 적중했다. 일본 공영방송인 NHK는 물론 민간방송에서도 한국드라마를 방송하지 않는 날이 없을 정도였다.

그러나 2012년부터 한류는 하향곡선을 타기 시작했고 지금은 아주 침체된 상태이다. 우선 낮에 방송되는 '와이드쇼'에서 한류 관련 뉴스가 사라졌다. 하루가 멀다 하고 한류스타 소식을 전하고 한류 팬임을 공언하는 연예인들이 있었는데, 모두 잠잠해졌다. 이제 방송에서는 '한류 팬'이라는 말을 쉽게 하지 못하는 상황이 된 것이다.

'코리안타운'이라고 불리는 '신오쿠보(新大久保)'에서도 전처럼 북적대는 모습은 찾아볼 수 없다. 문을 닫는 한류상품 가게들이 줄을 잇고 있다. 여론에 흔들리지 않는 팬들이 있다고는 하나 일반인을 끌어들이지 못하는 상황이 계속 되면 더 이상 붐이라는 말을 붙이지 못할 것이다.

한류 붐이 시들해진 것은 한마디로 정치적인 이유 때문이다. 즉, 민간이 일으킨 우호적 관계를 정치가 망쳐놓은 것이다. 그리고 그 여파는 한국인들이 감당해야 하는 아이러니한 결과를 낳았다.

한류에 열정을 쏟아 붓던 일본인은 다른 나라로 관심을 돌리기 시작했다. 한국 문화를 즐기는 것은 하나의 취미일 뿐이다. '너희가 그렇게 일본을 싫어한다면 나도 그만 할래'라는 심리가 작용한 것이다. 서울을 찾는 일본인 관광객이 줄어든 것을 생각해보면 이해가 빠를 것이다. 아쉬울 것 없다는 사람도 있겠지만, 나는 큰 손실이라고 생각한다. 왜 이 지경까지 상황을 몰고온 것인지 아직도 이해가 가지 않는다.

한일 양국의 관계가 호전되면 민간에도 다시 우호적인 관계가 이어지리라고 믿는다. 한국과 사이좋게 지냈으면 하는 일본인들 또한 많기 때문이다. 그리고 한류 붐을 통해 한국에 대한 정도 생겼다. 일본 사람에게 한국은 이제 더 이상 '정체를 알 수 없는 나라'가 아니다. 한일관계를 좁힌 일등공신은 뭐니뭐니 해도 한류 붐이다.

　한국인인 내가 한국을 사랑하듯이 일본인이 일본을 사랑하는 것은 당연하다. 마음에 들지 않는 부모일지라도 미워할 수 없는 것과 같은 맥락이다. 부모가 나쁜 일을 하고 부모에게 정이 떨어졌다고 해서 버릴 수는 없지 않은가. 미우나 고우나 끌어안고 같이 갈 수밖에 없다.
　일본생활이 어느 정도 익숙해졌을 무렵 나는 전쟁을 다룬 드라마를 보게 되었다. 7월이나 8월이었을 것이다. 한국의 광복절 즉, '독립기념일'인 8월 15일은 일본에서는 '종전기념일'이다. 8월이 가까워져오면 전쟁을 다룬 특집드라마가 방영된다. 내가 본 드라마는 평범한 일본 남자가 나라의 명령을 받고 전쟁터에서 전사하고, 남겨진 아내와 아이들이 고생하며 살아가는 이야기였다.
　누구 하나 도와주는 사람 없이 자식을 먹여 살리기 위해 밤낮으로 고생하는 엄마와 장터를 떠도는 고아들의 모습을 보며, 나는 '일본 사람들도 전쟁 때 고생을 했구나'라고 큰 충격을 받았다. 전쟁이니 당연한 이야기이지만 드라마를 보고 나서야 의식할 수 있었다. 그때까지는 '한국을 식민지화 하고 전쟁을 일으킨 일본의 국민들은 고생스러울 것이 없다'라는 생각이었다.

전쟁을 일으킨 나라의 국민에게도, 반대로 침략을 받은 나라의 국민에게도 전쟁은 똑같이 괴로운 것이다. 전쟁이 일어나면 평범한 사람은 속수무책으로 당할 수밖에 없다. 남편을 잃고 아버지를 잃고, 아들을 잃는다. 집권자들이 전쟁을 선택했기 때문에 말이다.

상대방을 잘 모르면 그를 '전적으로' 미워할 수 있다. 아는 사람을 미워하면 나 자신도 괴로운데, 모르는 사람을 미워할 때는 그저 화만 내면 된다. 경우에 따라서 그 미움이 에너지가 되기도 한다. 그러나 그 미운 상대와 교류를 하고 공감대가 형성되어 조금씩 마음이 열리면, 상대방도 '나와 다를 바 없는 인간'이라는 것을 느끼게 된다.

역사와 정치문제를 등한시하자는 말이 아니다. 다만 현재를 살아가는 일반인들은 '사람 대 사람'으로 일본인과 사귈 수 있었으면 한다. 더 나아가 언젠가는 미움과 트라우마에서 벗어나 한국을 괴롭힌 일본을 용서해주었으면 한다. 친해진 다음에 서로의 잘잘못을 차분하게 이야기할 수 있는 관계가 되었으면 하는 조심스러운 바람을 가져 본다.

나는 일본인 피를 이어받은 두 아들과 조카 때문에라도 일본을 미워할 수가 없는 사람이 되었다. 그래서 어떻게 하면 '일본이 한국 사람들로부터 미움받지 않는 나라가 될 수 있을까' 고민한다. 또 '어떻게 하면 일본 사람들이 한국을 거북해 하지 않을까'에 대해 생각한

다. '어떻게 하면 한국과 일본이 사이좋게 지낼 수 있을까'를 생각하고 행동하고자 한다. 나 한 사람이 뿌리는 씨앗이 뿌리를 내리고 꽃을 피우는 '풀뿌리 교류(草の根交流)'를 통해서 말이다.

당신이 어떤 이유이든 일본에서 살게 되었다면 부디 '풀뿌리외교관'이 되어 주기 바란다. 슈퍼에서 야채가게에서, 미용실, 레스토랑에서, 아이들 학교와 직장에서 일본인과 마음을 터놓고 지낼 수 있는 날이 오기를 바란다. 그리고 한국 사람들은 한국에서 살고 있는 일본인들과 교류를 통해 마음을 풀어나가길 바란다. '일본정부는 싫은데 일본 사람은 좋다'는 말을 자주 듣는다. 그런 마음과 생각이 바로 풀뿌리외교로 이어지는 힘이 될 것이다. 그리고 언젠가는 두 나라의 정부를 움직이는 힘이 되리라 믿는다.

TIP_ 온짱의 일본 살이
성묘, 나는 죽으면 어디로 갈까

일본에서는 보통 화장한 뼈를 항아리에 담아 안장하는데 한국과 다른 점은 하나의 비석 아래에 모아 놓는다는 것이다. 이를테면 한국 가족묘를 축소한 개념이다. 비석이 있는 묘가 공동묘지이고 항아리가 무덤인 셈이다.

일본에서 조상을 기리는 의식으로 입춘(3월)과 입추(9월)에 행해지는 성묘(お墓参り, 오하카마이리)가 있다. 입춘과 입추는 국경일로 정할 정도이다. 이 날부터 7일 간을 '오히간(お彼岸)'이라 하는데, 봄에는 '봄의 오히간', 가을은 '가을의 오히간'이라고 한다. 집에서 제사를 지내지는 않지만 조상의 혼을 마중하고 배웅하는 의식을 치른다.

오히간을 시작하는 날에는 '마중하는 불(迎え火, 무카에비)'을 집 앞에 피워 혼을 마중하고, 끝나는 날에는 '배웅하는 불(送り火, 오쿠리비)'을 피워 돌려보낸다. 혼을 집으로 모셔서 조상이 묘에 없을 동안 성묘를 가서 청소를 한 후 다시 돌려보내는 것이다. 이 의미를 처음 알았을 때 감동했던 기억이 있다. 제사가 없는 일본은 조상 섬기는 일을 소홀히 하는 나라라는 선입견이 있었는데, 그게 아니라 방법이 다를 뿐이다.

의식을 치르는 방법은 지방에 따라서 다르고, 가정에 따라서도 다를 수 있기 때문에 시댁 풍습에 따르면 된다. '외국인 며느리라서 모르겠지', '배울 생각도 없겠지'라고 시부모들이 포기할지도 모르니, 성묘만큼은 먼저 물어보고 배워가는 게 좋다고 생각한다.

조상이 일본인이어도 내 남편과 내 아이들 조상이라는 점을 잊지 말자. 한국에서 조상을 섬기는 풍토에서 자랐다면 크게 위화감을 느끼지 않을 것이다. 시기도 한국과 비슷하니 기억해두자. 준비하는 것 역시 번거로울 것은 없다. 간소한 편인데다 오히간 시기가 되면 슈퍼마켓에서 필요한 것을 모두 팔기 때문에 걱정할 필요도 없다. 조상 묘가 가까운 곳에 사는 사람들은 돌아가신 날이나 정월에도 성묘를 가는 경우가 있다.

일본에는 '더위도 추위도 성묘철까지(暑さ寒さもお彼岸まで)'라는 말이 있을 정도로, 성묘는 일상생활과 밀접하게 연관되어 있다. 추석하면 송편이 떠오르듯이 일본에는 '보타모찌(ぼた餅)'라는 것이 있다. 봄과 가을에 따라 모양을 딴 꽃의 종류가 다르기 때문에 봄에는 '보타모찌'라고 하고, 가을에는 '오하기(おはぎ)'라고도 한다. 찹쌀을 찐 다음에 빻아서 타원형으로 빚은 후 팥고물을 버무려서 만든 것인데, 요즘 집에서 만드는 사람은 드물다. 이 역시 성묘철이 되면 와가시 가게나 슈퍼마켓에서 판매한다.

또 성묘철과 관련된 것 중 하나가 '상사화(想思花)'이다. 일본에서는 가을 성묘철에 핀다고 하여 '히간바나(彼岸花)'라고 한다. 옛날 토장(土葬)을 하던 시절에 너구리나 들쥐들이 묘를 건들지 못하도록 독성이 있는 상사화를 심었다고 한다. 그래서 '지옥꽃(地獄花)'이나 '유령꽃(幽靈花)'이라는 조금 무서운 이름으로 불리기도 한다.

일본에는 신도(神道)라고 해서 신사(神社)에 모신 영혼을 추대하는 풍습이 있는가 하면, 긴 역사를 거치면서 독특하게 변화한 불교 풍습도 있어서 혼란스러울 때가 많다.

신(神)이라고 하면 부처님과 예수님이라 여기는 한국 문화 속에서 자라서인지, 일본 신사에서 모시고 있는 보통 사람의 영혼을 '신'으로 생각하는 마음은 좀처럼 생기지 않는다. 일본에서 20년 이상을 살아도 이러니 어쩔 수가 없는 일인가 보다.

일본은 한국처럼 종교의식이 있는 편은 아니다. 악인일지라도 죽으면 '신(神様, 仏様)'이 된다고 하여 더 이상 죄를 묻지 않는다. 물어봐야 소용이 없는 점도 있지만 죽은 사람을 나쁘게 말하는 것 자체를 꺼린다.

나로서는 죽은 자의 죄를 묻지 않는다는 점에 대해서는 납득이 되지 않는다. 한 번 저지른 나쁜 일은 사라지지 않는다. 반성을 했느냐 하지 않았느냐, 용서가 되느냐 안 되느냐의 차이가 있을 뿐이다. 이러한 기본적인 문화 차이 때문에 역사문제도 쉽게 풀리지 않는 것이다. 문화차이가 쉽게 좁혀지리라고는 생각하지 않지만 그래도 알아두자. 이 또한 일본인들 속에 오랫동안 전해져 온 유전자 같은 문화이니 말이다.

요즘 시댁 묘에는 들어가지 않겠다는 며느리들이 많다. '시집 식구가 싫어서'이다. 그래서 부부만의 묘를 마련하는 사람들도 있다. 나는 '내가 죽거든 한국과 일본 사이의 바다에 뿌리라'고 말해왔는데 내 고향이기도 한 제주도 바다에 뿌리는 것도 좋을 것 같다. 아이들이 엄마가 보고 싶을 때마다 제주바다를 찾으면 되니 말이다. 그렇게만 되면 좋겠지만 남편이 또 문제이니 당분간은 고민이 이어질 것 같다.

북큐레이션 • 오늘 배워 내일 당장 쓸 수 있는 지식을 제공하는
라온북의 베스트셀러

경제/경영 분야 **1위**

나는 스타벅스보다 작은 카페가 좋다
조성민 지음 | 15,000원

130평 스타벅스보다 수익률 높은 13평 작은 카페 운영 노하우

창업 3년만에 회원 2000명, 매일 방문 고객 200명을 만든 오너바리스타 조성민의 작은 카페 성공 스토리. 대전의 랜드마크 카페로 발돋움하고 잇는 '카페허밍'의 오너바리스타가 수많은 카페 사이에서 철학 있는 작은 카페로 살아남기 위한 생존 전략을 풀어냈다.

창업/장사 분야 **1위**

나는 1주일에 4시간 일하고 1000만 원 번다
신태순 지음 | 13,800원

전 재산에 대출까지 받아 배우는 데 투자한 남자의 1주일에 4시간 일하고 한 달에 1000만 원 버는 법!

저자는 "일을 오래 한다고 해서 돈을 많이 벌게 되는 것은 아니다"라고 단언한다. 이 책에는 지지리 똥문대를 졸업하고 행정고시에 실패한 후 '자기 자신만으로 인정받기 위해' 영업 전선에 뛰어든 사연, 강의를 듣고 책을 사는 데 전 재산을 투자한 이야기, 회사를 차리고 '아무 상품도 없는' 상황에서 매출을 올리며 회사를 끌어온 노하우 등이 고스란히 녹아 있다.

온라인 마케팅 분야 **1위**

카카오 스토리 채널 마케팅
임헌수 지음 | 16,000원

3,300만 모바일 고객을 잡는 비법!

다음카카오의 카카오스토리를 기반으로 한 옐로아이디, 스토리채널을 활용한 마케팅 방법을 알려주는 책. 국내 최고의 바이럴 계수를 가진 카카오 시스템의 특성을 이해하고, 바이럴의 기본 원리에 따라 홍보하는 법을 알려준다.

창업/IT 분야 **1위**

3D 프린팅 스타트업
김영준 지음 | 15,000원

**지금 시작하면 돈이 되는 기술, 3D 프린팅!
가장 젊은 창업 아이템에 도전하라!**

'2015년 트렌드 리포트'에 빠지지 않는 단어가 있다. 바로 '3D 프린터'이다. 100만 원대 보급형 3D 프린터가 속속 출시되면서 3D 프린팅 기술은 더 이상 전문가들만의 영역으로 여겨지지 않는다. 이 책은 3D 프린터 작동 원리부터 아이디어 하나로 10억을 만드는 돈이 되는 스타트업 아이템으로서의 3D 프린팅까지 3D 프린팅에 대한 모든 것을 알려준다.

회의/협상 분야 **1위**

30분 회의
정찬우 지음 | 12,500원

업무의 50%를 줄여주는 혁신적 회의법!

해결 방안이나 구체적인 행동 지침이 나오지 않는 회의, 야근을 조장하는 무능한 회의를 바꾸고 싶다면 '30분 회의'를 실행하라! 누구나 따라하기 쉽고, 명확하며, 성과가 바로 가시화되는 이 놀라운 회의법이 조직에 믿기 어려운 변화를 가져올 것이다.

세금/절세 분야 **1위**

기적의 절세법 시리즈
장중진, 정해인 지음 | 각 권 15,000원

안 내도 될 세금 아껴주는 기적의 절세법!

〈기적의 절세법〉 시리즈는 누구나 알아야 할 절세 가이드이다. 최고의 세금 전문가들이 간단한 세법 상식만으로 '안 내도 될 세금'을 더 내는 일이 없도록 도와준다. 1권, '부가가치세 편'에서는 부가가치세 절세를 통해 매출 1억 원을 이기는 비즈니스를 하는 법을 알려주고, 2권 '상속세 편'에서는 상속재산 확인부터 세금 신고, 계산, 절세, 세무조사 대처까지 집 한 채만 있어도 꼭 알아야 하는 상속 증여세의 모든 것을 알려준다.